La idea de libertad en la historia de España

Pedro López Arriba

La idea de libertad en la historia de España

Ediciones Vitruvio

En portada, Srtuipp

Primera edición, 2022

© Pedro López Arriba

© Ediciones Vitruvio
C/ Menorca, nº 44
28009
Madrid
Tlf: 91 573 21 86

ediciones vitruvio, nº 1. 494
ISBN: 978-84-125120-2-1

La idea de libertad en la historia de España

A Carmen, mi esposa: por tu mirada,
un mundo, por tu sonrisa, el cielo,
por tu constante aliento y
comprensión, mi vida.

I.
LA LIBERTAD EN EL MUNDO

Es algo más que una certeza empírica que, sólo desde la libertad y la defensa de los derechos individuales, pueden las sociedades proponerse a sí mismas como asociaciones realmente beneficiosas para todos o, al menos, para los más. El compromiso con la libertad, con la dignidad individual, con los mercados abiertos, con las limitaciones y controles a los gobiernos, ha permitido a la humanidad realizar sus mayores avances en la senda del progreso material y moral. Una senda muchas veces perdida y otras tantas recuperada. Porque la historia y la razón nos recuerdan siempre que, dejar a las personas que hagan lo que quieran es sabio, es justo y además termina resultando rentable y beneficioso para todos. Pero el camino para llegar a estas evidencias no fue fácil ni corto.

Todos hemos oído o leído alguna vez que uno de los grandes hitos de lo que se ha denominado en la Historia "el Milagro Griego" fue el haber establecido en sus sistemas de gobierno lo que Adam Smith designó como el "sistema obvio y simple de la libertad natural". Pero la libertad, ni fue simple de establecer, ni mucho menos obvia, ni tampoco natural. Fueron los griegos quienes percibieron, por primera vez en la historia, que la libertad civil y moral, la independencia política y la libertad de comerciar y de producir, eran las partes integrantes de un único sistema de vida y de gobierno. Junto al "paso del mito al logos" o el inicio de las ciencias y de la filosofía, los antiguos griegos intentaron establecer por vez primera en la historia un régimen político de libertad.

Pese a que la hipótesis pueda resultar atractiva, no es cierto que la libertad haya sido obvia y simple, ni tampoco que haya sido el estado natural del hombre. No fue así en las primeras civilizaciones históricas de las que se tiene noticia y realmente nunca lo ha sido. Porque, ¿quién puede saber si existió una libertad originaria en los grupos humanos arcaicos de sociedades familiares (clanes, gens) y tribales, anteriores a las sociedades políticamente organizadas, de las primeras civilizaciones históricas? Porque, de lo que no hay duda es de que, en las primeras civilizaciones conocidas (Egipto, Caldea, India, China), los sistemas de gobierno fueron autocráticos y constituidos sobre la base de poderosas monarquías despóticas de base religiosa.

Por eso, sólo se han podido establecer hipótesis ilusorias sobre libertades primigenias que, como las "Edades de Oro", se perdieron con el surgimiento de las sociedades organizadas. Hipótesis ilusorias que siempre han tenido que recurrir a teorías algo artificiosas, formuladas entre la imaginación y la fantasía. Unas teorías que remiten a esas míticas y fabulosas "Edades Aúreas", prehistóricas, de las que poco o casi nada se puede saber. Porque, si se considera en términos estrictamente históricos, fueron el despotismo y la tiranía los sistemas de gobierno que surgieron espontáneamente en las primeras sociedades, y fue la aparición de la libertad la que precisa de explicación.

14

EL NACIMIENTO DE LA LIBERTAD

La libertad tuvo una aparición más bien tardía en las sociedades políticamente organizadas, en un proceso que se inició y desarrolló en nuestra tradición cultural, y no en ninguna otra. Más aún, la libertad es un concepto más bien reciente que arcaico en la Historia de la Humanidad. El momento histórico y universal quizá se pueda datar hacia el año 594 (a. C.) en Atenas, con el Arcontado de Solón (594-593 a. C.). Para acabar con las discordias civiles en la Polis, Solón propuso la *eunomía* (buenas leyes y buen gobierno) como base de la legislación que dio a Atenas.

Con las reformas de Solón comenzó a perfilarse el primer sistema conocido de libertad política y civil, con todas sus limitaciones e imperfecciones, es decir, como hoy en día. El sistema de gobierno ateniense nació ligado a las ideas de "Ley" y de "control del gobierno" por los gobernados. Más tarde, las Leyes de Clístenes (508 a. C.) fundadas en el concepto de *isonomía* (igualdad legal), terminaron de transformar la vieja Atenas de los reyes, en la Atenas democrática del siglo V (a. C.), el Siglo de Pericles (495-429 a. C.). Sin estos hechos, la historia que estudiamos y conocemos habría sido bien distinta.

El sistema de gobierno libre de Atenas siempre estuvo fuertemente cuestionado desde el primer momento por muchos atenienses. A Solón le sucedió el Tirano Pisístrato, y las reformas de Clístenes se hicieron tras el derrocamiento de los "pisistrátidas". Y el derrocamiento de la democracia, al final de la Guerra del Peloponeso

(431-404 a. C.), fue realizado por los atenienses enemigos de esa libertad encabezados por Critias, el tirano. La democracia fue restablecida por sus partidarios, tras derrocar la tiranía de Critias y perduró hasta su caída final bajo la dominación macedonia, primero, y bajo la de Roma después. La historia de Atenas muestra ya esos momentos de auge y de caída de la libertad, pero también demuestra que siempre se mantuvieron vivos algunos restos o vestigios, incluso en los momentos en que la libertad estuvo más limitada.

El milagro de la libertad, atribuido a la antigua Atenas, consistió en la creación de un sistema de gobierno en el que el poder quedaba, por primera vez en la historia, subordinado a la ciudadanía. Y fue conformado como un sistema en el que la libertad personal y la libertad civil podían encontrar protección contra los desmanes y abusos de los poderosos, fuesen reyes, emperadores o tiranos.

La libertad, desde esos momentos iniciales en la Grecia clásica, tuvo un contenido positivo inmediato al conectarse con los derechos del individuo, de la persona. La idea de libertad nacía así, desde sus momentos iniciales, acompañada por la Ley y por la convicción de que era necesario establecer limitaciones a los poderes de los gobernantes.

La democracia ateniense, pese a las deficiencias que sobre ella pueden señalarse hoy, que sin duda fueron muchas, sembró para siempre la idea y la esperanza de las posibilidades de la humanidad para alcanzar formas de organización política libres. Es decir, capaces de integrar armónicamente, en libertad y con justicia, las dimensiones individual y social del hombre.

A partir de esos precedentes de la democracia antigua, los hombres de los tiempos posteriores a la Grecia de la época clásica, han intentado muchas veces fundar su convivencia sobre esos mismos ideales de gobierno de la mayoría, en libertad y con respeto y garantías para los derechos personales.

LA LIBERTAD EN SU DESENVOLVIMIENTO

Desde entonces, la idea de libertad ha formado parte, mayor o menor, más amplia o más limitada, de los fundamentos de la política europea. Aunque la mayor parte del tiempo histórico la regulación de la libertad se hizo más para limitarla y reducirla, y a veces hasta para suprimirla, que para expandirla y afirmarla. Posteriormente, desde Europa, las ideas de la libertad y de los derechos personales se extendieron a América, primero, y a todo el mundo después, en la modernidad.

La relación entre libertad y derechos personales fue muy estrecha desde el principio. Siempre ha resultado difícil distinguir los derechos personales de la misma idea de libertad. La pronta institucionalización jurídica de esos derechos lo evidenció ya en el mundo antiguo. La historia de la Atenas democrática prefiguraría el destino futuro de la libertad en nuestro mundo. El proceso de configuración legal de la libertad y de los derechos personales realizaría grandes avances con Roma, la patria del Derecho. Incluso, puede decirse que alcanzó su primer gran momento de apogeo en la República Romana, con la constitución política de Roma y las Leyes de las XII Tablas (451 a. C.).

Para los antiguos griegos y para los romanos, la "libertad" no era concebida como un atributo metafísico del hombre, sino como una consecuencia y un reflejo de su participación en la comunidad. Para ellos, libertad y comunidad política, Polis o Civitas, designaban facetas de una misma realidad. La democracia ateniense giraba en torno a la *isonomía*, igualdad ante la ley, del mismo modo que en Roma lo hacía en torno a la *aequa libertas*, igualdad en la libertad, de los ciudadanos. La consideración de la libertad como atributo del ser humano es de inspiración cristiana, muy posterior.

Roma realizó otra gran aportación a la libertad. Consistió en lo que el historiador Polibio (200-118 a. C.) denominó "sistema de gobierno mixto". En la línea del aristotelismo político, Polibio denominó "mixto" al sistema romano de gobierno, porque combinaba el principio monárquico, atenuado en la magistratura de los dos Cónsules, con el principio aristocrático, institucionalizado en el Senado, y con el principio democrático de los comicios (curiados y centuriados), de la elección popular de las magistraturas de la Res-Pública, y con los *plebiscitae*. Además, Roma instituyó un sistema judicial independiente, al hacerlo depender de dos magistrados elegidos anualmente, los Pretores. El Pretor Urbano regía los procesos entre ciudadanos y el Pretor Peregrino lo hacía en los litigios con extranjeros. Para Polibio, este sistema constitucional generaba un equilibrio, más o menos armónico, que aseguraba razonablemente bien, a la vez, el poder del Estado Romano y la libertad y los derechos de los ciudadanos.

El sistema constitucional mixto de los romanos inspiró las primeras asambleas representativas de la Edad

Media, como las Cortes en España, el Parlamento británico o los Estados Generales franceses. E inspiró las ideas de "monarquía limitada" nacidas de las revoluciones inglesas del siglo XVII. Y también sirvió de fuente de ideas y discusiones para la elaboración de la Constitución USA de 1787, como quedó reflejado en ese excelente debate sobre esa primera constitución moderna, que es la obra de los constituyentes norteamericanos Hamilton, Madison y Jay, *The Federalist Papers*, traducido al español con el título de *El Federalista*.

Para Polibio, la fuerza y la potencia de la República Romana se fundamentó, además de en su ejército, en la solidez de su constitución política, que combinaba en equilibrio el principio Monárquico, con el Aristocrático y el Democrático en la organización de sus instituciones. Con ello, Roma establecía una primera aproximación a la separación y contraposición de poderes, que constituyó un modo eficaz de asegurar la libertad y los derechos personales en la Civitas y ha servido de precedente a los modernos sistemas de separación y control de los poderes del Estado.

Al final, la antigua libertad se perdió, y tanto Grecia como Roma cayeron con sus instituciones. De modo que la libertad moderna se tuvo que ir abriendo camino de modo lento, a menudo a tientas y siempre con muchas dificultades, alternando momentos de auge y de reflujo, hasta los tiempos actuales. Pero la simiente de la Atenas clásica no se agostó nunca. Siempre quedó en la civilización europea un rastro de libertad, tomado y retomado hasta nuestro tiempo, sin abandonarlo nunca.

Aunque nadie puede afirmar con plena certeza que la libertad haya terminado por asentarse definitivamente en ninguna sociedad. Y nadie puede asegurar tampoco que la libertad no sea susceptible de limitarse, de restringirse y hasta de eliminarse, en los tiempos actuales. Ha sucedido muchas veces y el siglo XX, con todos sus horrores, está todavía muy cerca.

No debe extrañar que los occidentales podamos sentirnos, más que satisfechos, orgullosos de nuestra pertenencia a la tradición cultural en la que nació la libertad. Aunque quizá sería aconsejable reducir un tanto nuestra satisfacción y reparar más en que, pese a todo, los problemas de la libertad y su defensa, en el mundo actual, no están definitivamente resueltos y siguen siendo asuntos trascendentales.

LOS PROBLEMAS DE LA LIBERTAD

Tanto en la antigüedad, como en el mundo actual, la libertad ha estado siempre necesitada de reivindicación y de defensa. La libertad tiene enemigos, muchos y poderosos, internos y exteriores. En nuestro mundo, de los casi 7.500 millones de habitantes del planeta, ni siquiera un tercio de ellos viven en sistemas más o menos definibles como de libertad. Incluso en lo que se ha llamado mundo libre, siempre ha habido y proliferan hoy los enemigos de la libertad. No sólo fuera, sino en el mismo seno de nuestras propias sociedades, la lucha por la libertad continúa hoy en día. Y, más aún, el debate sobre la libertad sigue siendo el gran debate de nuestras sociedades hoy.

Desde el mismo instante de su aparición en nuestra cultura, la reivindicación de la libertad se ha planteado como tal, como reivindicación. Siempre se la ha tenido que reclamar y defender, ante la constatación de que el poder invade y transgrede diariamente la libertad con un éxito demasiado evidente. Tan evidente, como la comprobación de que, en nuestro entorno cultural, hasta los tiempos más recientes, siempre existieron más tiranías y despotismos que sociedades libres. Siempre se ha tenido que defender la libertad y salvaguardarla, hasta en nuestros días. La libertad no es un valor que haya prevalecido mucho, ni de forma perdurable. Aunque siempre haya renacido.

En la tradición de libertad inaugurada en la Atenas clásica, los tiempos en que la libertad era ejercida han sido más reducidos que los tiempos en que la libertad sólo podía ser pensada. Únicamente bajo el influjo del sugestivo pensamiento liberal moderno, tan potente en sus razones, como emotivo en sus pretensiones, se ha podido llegar a pensar que la libertad sea una especie de condición natural del hombre, y que es la tiranía la que necesita explicación. Un error de análisis de graves consecuencias, pues nada puede resultar menos positivo para la libertad que darla despreocupadamente por supuesta.

Mas el hecho de que los europeos nunca hayan conseguido establecer de un modo definitivo la libertad y los derechos individuales, no quiere decir que hayan dejado de intentarlo recurrentemente desde la antigüedad, como ya se ha apuntado. Siempre hubo quien la defendiera y promoviera en todas las circunstancias y por todos los medios.

Precisamente eso ha sido, y en eso consiste, la Historia del Pensamiento Político, el debate entre los partidarios y adversarios de la libertad dentro de nuestra cultura. Una disciplina ésta que sólo ha alcanzado sentido teórico y práctico en el entorno cultural europeo, pues la libertad no es un asunto que se pueda rastrear en ninguna otra tradición cultural. La tradición de libertad se ha conseguido mantener incluso en los momentos en que la libertad padeció mayores postergación y limitaciones.

Por eso, la gesta de la Atenas Clásica no consistió, exactamente y en puridad, en crear por vez primera un régimen de libertad, aunque también. La gran aportación ateniense consistió, sobre todo, en haber creado la idea de libertad y haberla introducido, con todas sus consecuencias, en el debate político. No surgió la libertad misma. Eso no está claro que se haya alcanzado nunca.

Los tiempos han cambiado pero las ideas han logrado permanecer. El éxito de la libertad lo acredita su recurrente retorno, desde su aparición en la antigua Grecia. Un éxito que, en los tiempos más recientes, desde el siglo XVIII, ha producido una curiosa paradoja. Después de siglos en los que el debate de la libertad se planteó contra sus enemigos, la ambigua Ilustración deparó una novedad. La palabra libertad ya se había conformado como un significante de casi universal aceptación. Desde entonces ha habido pocos que se hayan declarado abiertamente enemigos de ella. Y el debate parecería que se ha trasladado, desde libertad, sí o no, y en qué grado, a ¿qué libertad?

Hubo algún precedente inquietante en la Revolución Inglesa (1642-1651), que derivó en la dictadura de Cromwell (1599-1658), de 1653 a 1658. Pero, a partir del siglo XVIII, el debate pareció desplazarse, en su integridad, a un debate "interno" entre "fervientes" partidarios de la libertad, pero que la entendían de distintos modos. De suerte que, lo que se aceptaba o rechazaba, no sería ya la libertad, en sí misma, que todos parecían defender. En eso había aparentemente acuerdo general y lo que se discutía eran las distintas formas de concebirla. Como si la libertad pudiese ser polivalente y significar cosas, no sólo distintas, sino incluso contradictorias.

En los últimos tres siglos el debate de la libertad se ha planteado en términos de aceptación o rechazo, radicales, de concepciones pretendidamente diferentes del concepto de libertad. Isaiah Berlin, en su obra *La Traición de la Libertad*, de 1952, abordó en profundidad este asunto. En esta obra, Berlin analizó el pensamiento de Rousseau (1712-1778), Helvetius (1715-1771), Saint-Simon (1760-1825), Fichte (1762-1814), De Maistre (1753-1821) y Hegel (1770-1831). A todos ellos los calificó Berlin de "enemigos de la libertad". Sin embargo, todos ellos, con la probable excepción de De Maistre, se declararon a sí mismos defensores de la libertad y se consideraron casi los paladines de lo que llamaron la libertad "auténtica" o "verdadera" o "real", en oposición a otras ideas o conceptos "equivocados" de la libertad.

El primero que más destacó ese nuevo planteamiento fue Rousseau. En su obra, *El Contrato Social* (1762), sostuvo que la libertad era la esencia del hombre. Sin embargo, subordinó la libertad a la igualdad. Rousseau convirtió la libertad en consecuencia ineludible de la igualdad, a la que otorgaba así valor supremo. Para él, la libertad no equivalía a autonomía de criterio y acción, sino que consistía en la sumisa obediencia a la "voluntad general", que obliga a ser libre, *velis nolis*. Sobre esas bases, pretendidos "tribunos", como Robespierre (1758-1794) o Lenin (1870-1924), impusieron el terror como atajo hacia la virtud. Y, al igual que Rousseau, los demás dejaron claro que la libertad individual siempre debía quedar condicionada o, más bien, sólo podía realizarse mediante entidades colectivas, cuya realización sustituía al individuo y a su libertad.

No es de extrañar que Popper (1902-1994) titulase su obra *La Sociedad Abierta y sus Enemigos* (1945), así, con ese título. En el siglo XX, todos los enemigos de la libertad, o casi todos, se presentaban siempre como defensores acérrimos de "su" idea de "libertad", por muy liberticida que ésta fuese. Parecía que la libertad carecía de enemigos, pero no era así.

Hayek, en *Camino de Sevidumbre*, publicada en 1944, ya había advertido la "apología indirecta" de la tiranía, realizada entonces, como ahora, por el socialismo en todas sus variantes. Una apología que ya no era capaz de proponerse de modo directo, sino que enmascaraba la defensa del despotismo, disfrazándolo de la "verdadera defensa" de la "auténtica libertad". El socialismo prometía una "nueva libertad", la "libertad económica", sinónimo de igualdad en la riqueza, sin la que la libertad civil y política (la "vieja libertad"), carecería de significado. Más aún se ha llegado a contraponer "libertad" con "liberación.

No hace falta mucho análisis para apreciar que se trataba del mismo viejo planteamiento de una libertad que, si bien no se negaba expresamente, se supeditada a la igualdad. Incluso, a veces, se ha supeditado a la "naturaleza" o a otros no menos "elevados" conceptos, como la "Justicia Social", o la "mayor felicidad para los más", de Bentham (1748-1832), tan en boga hoy, etc. Eran todos planteamientos liberticidas, pero se presentaban como defensa radical de una libertad más "auténtica" que la vieja libertad.

A lo largo de la Historia, la libertad ha sido como mucho incipiente y siempre más provisional que definitiva, incluso en los tiempos en que pareció mejor fundada. La libertad, como muestra la historia, nunca ha llegado a ser establecida de modo un sólido y definitivamente efectivo. Hasta el presente, sólo ha sido posible mantener una larga, paciente y tenaz búsqueda de la libertad, a menudo infructuosa y aún no concluida. Aunque también se tuvo la capacidad de establecer su fundamentación y su defensa.

Lo que surgió, pues, en la antigua Grecia fue el gran debate de nuestra cultura, el debate de la libertad, que sigue estando vivo hoy. Y hoy, como antaño, los europeos seguimos divididos entre partidarios y enemigos de la libertad, por mucho que estos hayan enmascarado sus propuestas de tiranía. El debate contra los enemigos de la libertad y los derechos individuales, está inacabado al día de hoy. Un debate que no ha sido, sólo ni fundamentalmente, un debate teórico, aunque también. Ha sido un debate social y legal, de orden e incidencia eminentemente prácticos. Un debate que no se ha generado en otras tradiciones culturales actuales, como la de China o la del mundo islámico, que siempre rechazaron la libertad, tanto en su pensamiento, como en su praxis.

El debate sobre la libertad puede haber cambiado de registros, pero no ha cesado. Porque lo que realmente ha sucedido con la libertad, en nuestra cultura, es que ésta ha consistido principalmente en la lucha por establecerla y afirmarla, desde los mismos orígenes de la idea. Una lucha interior, pues, en nuestras sociedades occidentales, siempre abundaron los enemigos de la libertad. Pero también una lucha externa, frente a otras tradiciones civilizatorias que la niegan y la proscriben. Una singladura en la que no ha sido posible encontrar hasta el presente un puerto seguro de destino. Aunque la lucha por la libertad y por los derechos personales se haya mantenido siempre, incluso en las circunstancias más adversas.

Gracias al esfuerzo teórico y práctico sostenido durante siglos, y que sigue siendo necesario realizar hoy en día, el tratamiento dado a la libertad y a los derechos personales ha logrado convertir a las democracias liberales en el modelo ideal de buen gobierno de la modernidad.

Y es que, desde que se planteó en la antigüedad, la libertad ha conseguido mantenerse siempre como uno de los parámetros fundamentales a considerar, en el momento de establecer las instituciones políticas, en cada país y en cada época. Desde Grecia y Roma, hasta la actualidad, sin olvidar la peculiar Edad Media, ni la terrible Modernidad, con sus guerras de religión, y el no menos pavoroso siglo XX, el siglo de los totalitarismos.

Pero el debate no ha concluido y sigue abierto.

II.
LA LIBERTAD EN LA HISTORIA DE ESPAÑA

España posee una imagen fuerte y una presencia constante en la Historia Universal. Es imposible escribir la historia de la humanidad sin referirse a España. La destacadísima participación de España en la Historia de Europa y en la Historia Universal, en especial en los siglos del XV al XIX, es imprescindible para poder entender la historia de Francia, de Inglaterra, de Alemania, de Italia, y también la de América. Y, realmente, la de casi todo el resto del mundo. De hecho, la misma redondez del planeta fue verificada por los descubrimientos geográficos realizados por las grandes expediciones navales de España, en los siglos XV al XVIII. La expedición de Cristóbal Colón descubrió América, en 1492, y la de Magallanes-Elcano fue la primera en culminar la circunnavegación del planeta, hará 500 años, en este 2021.

España y su obra han sido admiradas por muchos, pero también han sido muy ampliamente minusvaloradas y hasta denigradas. Entre otros muchos elogios, merece destacarse el positivo juicio de Kant (1724-1804) sobre el rasgo nacional identificativo más característico de España y los españoles, que él situó en la capacidad para lo sublime. Aunque lo que ha sido de veras importante, y continúa siéndolo, es la gigantesca aportación española al conjunto de las ciencias, las artes las letras y el pensamiento. Importante por su cantidad, pero sobre todo por su calidad y por su trascendencia para dotar al mundo actual de la fisonomía que posee, en lo material y en lo espiritual. Y muy especialmente en relación con la definición de la libertad.

Pero también ha tenido España una abundante literatura adversa. Una literatura menor, quizá insidiosa y, sin duda, mendaz, pero muy abundante, especialmente en los siglos XVI al XVIII. Todo un auténtico subgénero literario que Julián Juderías (1877-1918), denominó *La Leyenda Negra de España*. Juderías definió esas fabulaciones como *"la leyenda de la España inquisitorial, ignorante, fanática, incapaz de figurar entre los pueblos cultos lo mismo ahora que antes, dispuesta siempre a las represiones violentas y enemiga del progreso y de las innovaciones"*. La Leyenda Negra, a juicio de Juderías, consiste en una colección de falsedades difamatorias, generalmente infundadas o parciales, que no deben confundirse con la realidad histórica. Una colección, más bien malintencionada, de omisiones, falsificaciones y deformaciones, pero descalificatorias, que comenzó a difundirse en el siglo XVI, a raíz de la Reforma Protestante, y que se ha utilizado siempre en contra de España, especialmente en los momentos más críticos de nuestra vida nacional.

Por citar sólo algunos ejemplos paradigmáticos, además del acontecimiento mundial del descubrimiento de América, en 1492, sabemos de la importancia de las contribuciones españolas a la humanidad en su conjunto. Por ejemplo, sabemos de la importancia de la astronomía española para la elaboración del Calendario Gregoriano, inaugurado en 1582 y actualmente vigente en todo el mundo. Como conocemos de la trascendencia del pensamiento de la Escuela de Salamanca (siglos XVI-XVII) para la configuración de las Ciencias Económicas

30

modernas y del liberalismo político. O como sabemos también de la extraordinaria importancia de las escuelas españolas de pintura, entre otras artes, que sólo ceden el primer puesto, y tan sólo a veces, a escuelas italianas. Por citar tan sólo algunos casos, casi al azar.

La Historia de España inspiró una gran obra de historia en el Renacimiento, la *Historia de Rebus Hispaniae*, de Juan de Mariana (1536-1624), publicada en 1592. Una obra que expuso esa historia en su integridad. Es decir, partiendo de los primeros pobladores y de los antecedentes prerromanos, y tratando el precedente remoto de Roma y el precedente inmediato visigodo. Y, sobre todo, trazando la historia más genuinamente hispana de la Reconquista, que llegará a la modernidad en el siglo XV con sus éxitos renacentistas. Una gran obra que inspiró, a su vez, o ayudó a inspirar en el pensamiento de muchos, incluso la percepción de la misma idea de libertad. Entre otros, a algunos tan destacables como los Padres Fundadores de la Revolución Americana (1776), como John Adams (1735-1826) o Thomas Jefferson (1743-1826), ambos lectores asiduos de las obras de Juan de Mariana, como es bien sabido.

Esa inspiración creo que no fue fruto de la casualidad, o meramente arbitraria, como se tendrá ocasión de apreciar. Por eso se hace necesario abordar una breve revisión de esa historia, la de España, de modo sucinto y centrada sólo en el propósito de este ensayo. Es decir, una revisión que permita percibir con claridad lo que haya podido haber en nuestra historia que ha hecho posible que, a partir de ella, otros hayan aprehendido la misma idea de libertad. Una idea que, así, permite rastrear la tradición de libertad iniciada por los antiguos, a través de los desarrollos que alcanzó en España. Unas ideas éstas, las de la libertad, cuya principal importancia estriba en que han llegado a ser las que se impusieron en el mundo europeo y americano, y configuran en buena medida el mundo actual y sus problemas, tras la época de las revoluciones de los siglos XVIII y XIX.

1. Aparición de España en la Historia

España es uno de los pocos lugares del mundo antiguo a los que alguna vez se los denominó con el poético nombre de *Finis Terrae* (el fin de la tierra). Confín de la tierra, término final limítrofe con lo desconocido, punto geográfico extremo, y última frontera del mundo conocido. Una tierra de poniente que miraba al mar con miedo y con esperanza, a la vez. Muy alejada de los grandes centros de la cultura antigua, periférica, y que, sin embargo, desde los primeros tiempos históricos fue de interés. En Homero y en Hesíodo se menciona el Jardín de las Hespérides, un bello jardín propiedad de la diosa Hera, en un lejano rincón del occidente, seguramente Hispania, que contaba con un árbol que daba manzanas de oro que, según se decía, proporcionaban la inmortalidad. Uno de los trabajos de Hércules consistió en hacerse con esas manzanas, con la ayuda del Gigante Atlas.

El griego Heródoto 488-485 a C.), Padre de la Historia, reflejó en su obra los limitados conocimientos que poseían los griegos del siglo V (a.C.) sobre la Península, y únicamente mencionó Tartessos, las Columnas de Hércules (estrecho de Gibraltar) y la ciudad de Cádiz. La Península se hallaba muy alejada de los principales centros comerciales helénicos. Para los griegos, la península Ibérica estaba situada en el extremo occidental de la *ecúmene* (el mundo conocido), cuyo centro era el Mediterráneo. Las Columnas de Hércules marcaban el final de las tierras conocidas, más allá del cual se abrían las aguas de un ignoto y temible océano en las que sólo se atrevían a aventurarse héroes como Hércules.

También los púnicos se establecieron en Hispania y dejaron rastros aún hoy reconocibles en varias ciudades españolas de fundación fenicia, como Cádiz (Gades), Barcelona, Cartagena (Cartago Nova), Almería, etc. Pero las guerras Púnicas entre Roma y Cartago, especialmente la segunda (218-201 a.C.), trajeron a los romanos a Hispania, por ser ésta la principal base de operaciones cartaginesa.

La victoria final de Roma, además de dejar Hispania en manos romanas, marcó el destino futuro de España y de toda la Europa Occidental.

2. Roma en Hispania

A mediados del siglo II (a. C.), el historiador griego Polibio (200-118 a C.) viajó hasta Hispania en compañía de Publio Cornelio Escipión Emiliano (185-129 a C.), el vencedor de Numancia (133 a. C.) y destructor de Cartago (146 a.C.). Polibio fue el primero que expuso con detalle la geografía ibérica.

Después de Polibio, durante la primera parte del siglo I (a.C.), visitaron la Península tres afamados geógrafos griegos, Posidonio de Apamea (135-51 a. C.), Artemidoro de Éfeso y Asclepíades de Mirlea, estos dos últimos de los Siglos II y I (a. C.). De sus descripciones sólo han quedado ecos en la *Geografía* de Estrabón (63-23 a. C.), compuesta en tiempos del emperador Augusto (83 a C.-14 d. C.), que contiene la primera descripción completa de la Península.

LA CONQUISTA ROMANA

También los habitantes de Hispania ganaron fama en la antigüedad entre los mismos romanos, por la fiera y prolongada resistencia que opusieron a Roma. Y con grandes hitos, consignados con admiración en la propia historia romana, como el asedio de Numancia y las guerras numantinas (144-133 a. C.). Pero tras la definitiva conquista por Augusto, en el año 19 (a. C.), los hispanos fueron romanizados en muy poco tiempo. Más aún, los hispanos (íberos, celtas y celtíberos) que nunca supieron siquiera que eran hispanos, en breve tiempo, se sintieron romanos y se enorgullecieron de ello.

Abundan en España las ruinas romanas y todavía se encuentran hoy en día nuevos restos romanos por doquier. Eso hace pensar a muchos que están muy alejados de un pasado que, sin embargo, está muy cerca, y hace difícil comprender que esas ruinas están aún vivas. Lo verdaderamente trascendente no es que en España haya restos romanos, sino que España, en sí misma, es un resto romano. Los Romanos llegaron a la Península Ibérica a finales del siglo III (a C.) y se mantuvieron en ella hasta la llegada de los Visigodos, en el año 414. Y aún bajo los visigodos siguió Hispania ligada a Roma, hasta la caída final de ésta, en el año 476. Es decir, casi 700 años. Muchos más años que los que han transcurrido desde la unificación de España por los Reyes Católicos, en 1492, hasta la actualidad.

EL LEGADO DE ROMA

Roma no destruyó pueblos o naciones, más bien las construyó. Roma fue, sobre todo, un gigantesco proyecto de integración de pueblos y culturas, realmente colosal para la antigüedad y admirado desde entonces. Roma integró a tantos pueblos, que fue haciéndose cada vez más imperio y menos romana. Muy pocos años después de la conquista total y definitiva de Hispania por Augusto (año 14 a. C.), Hispania daba a Roma pensadores y escritores de la categoría de Séneca (4-65) o de Lucano (39-65), Quintiliano (35-95) o Marcial (40-104). Y unos cien años después de esa conquista,

Hispania daría a Roma emperadores de la fama y la grandeza de Trajano (53-117) o de Adriano (76-138).

La civilización romana penetró muy hondamente en Hispania. Y Roma, no sólo dejó aquí obras monumentales, que aún hoy se pueden contemplar, algunas casi en su integridad. Dejó también otro tipo de huellas mucho más profundas. Dejó una tradición jurídica forjada en la época del régimen de gobierno mixto de la República Romana; dejó un idioma que evolucionaría hasta las lenguas romances; y dejó también una tradición cultural de la que somos más que consecuencia, continuación.

Pero, sobre todo, dejó una religión, el cristianismo, que ha perdurado hasta el presente. Una religión, el Catolicismo Romano, que el Emperador hispano Teodosio (347-395), convirtió en Religión Oficial del Imperio, en el año 380. La tradición cultural en nuestro país, como toda la tradición cultural europea, se denomina habitualmente en relación con estas dos grandes referencias culturales: la Greco-Latina y la Judeo-Cristiana. De ambas, nuestra cultura actual es más la continuadora que solamente la heredera.

3. El final de la Hispania Romana

El siglo V contempló la caída de Roma en occidente, aunque se consiguió mantener otros casi mil años en Bizancio. En Hispania, la entrada en la península de pueblos bárbaros, los suevos, vándalos y alanos, en el año 409, alteró definitivamente la situación de la Hispania Romana.

EL REINO VISIGODO EN HISPANIA

En el 414 llegaron los Visigodos, que comenzaron su dominación sobre Hispania desde Aquitania. Los visigodos aparecieron, primero, como aliados de Roma, para restaurar su autoridad en la Península. Pero, con los años, terminarían estableciendo su reino independiente, con capital en Toledo. Los visigodos tuvieron que combatir casi un siglo para conseguir la reunión de toda la península bajo un rey godo, Leovigildo (519-586). Guerras de consolidación contra los otros pueblos bárbaros y contra el Imperio Bizantino, que ocupó el sureste de España, entre los años 552 y 624. El rey Recaredo (559-601), sucesor de Leovigildo, convirtió el catolicismo en religión del reino visigodo, abandonando el arrianismo en el Tercer Concilio de Toledo (589). El reino godo toledano se mantuvo hasta el año 711, en que cayó ante la expansión del Islam.

La libertad y los derechos personales, en este turbulento periodo, sufrieron un profundo e inevitable retroceso. Al igual que sucedió con el comercio, las artes, los saberes y la cultura en general, que apenas si se mantuvo en entornos eclesiásticos, especialmente en los primitivos monasterios surgidos en los siglos V y VI de nuestra era.

En lo jurídico-político, los godos fueron incorporando paulatinamente el Derecho Romano, combinado y mezclado con sus tradiciones consuetudinarias germanas. La protección de los derechos personales, incluso en épocas tan turbulentas, siguió siendo una constante. Y así, de la colección de costumbres germanas con alguna incrustación romanista con que nació el *Código de Eurico* (480), la progresiva inclusión de normas romanas llevó a dictar, hacia el final del reino visigodo, el *Liber Iudiciorum* (654). Este Código de Leyes también denominado *Lex Romana Wisigothorum*, sería llamado en lengua romance el *Fuero Juzgo*. Una gran obra jurídica de síntesis romanista y un cuerpo legal que regiría durante toda la Edad Media, y que estaría vigente en España, como Derecho Supletorio, hasta la Codificación Civil, de 1888.

El Reino Visigodo de Toledo llegó a ser, junto con el Reino de los Francos, uno de los dos más importantes y poderosos reinos bárbaros que surgieron tras la caída del Imperio Romano. El reino visigodo desarrolló una intensa acción de recuperación cultural de la herencia romana. Las figuras más destacadas en el conjunto de la cultura visigótica fueron los obispos San Leandro (534-600), obispo de Sevilla, San Braulio (590-651), obispo de Zaragoza, y San Isidoro de Sevilla (560-636), hermano del primero y al que sucedió en la diócesis.

De todos ellos merece especial atención San Isidoro de Sevilla, una figura trascendental del pensamiento europeo. Su influencia como gran autoridad del conjunto de los saberes se prolongaría siglos y siglos, hasta casi novecientos años. El Profesor Abellán, en su *Historia del Pensamiento Español*, ha destacado entre las muchas obras de San Isidoro, las *Etimologías*, por ser ésta en la que recogió más ampliamente su pensamiento, y también las *Sentencias*.

RECUPERACIÓN CULTURAL EN EL REINO VISIGODO Y SAN ISIDORO DE SEVILLA

San Isidoro representó en la historia del pensamiento, en general, y del político en particular, el abandono de la Antigüedad Greco-Latina para abrir paso a un nuevo mundo, el mundo romano-germano surgido de la fusión de los invasores bárbaros con las poblaciones romanizadas de Occidente. Los filósofos Boecio (480-525) y Casiodoro (485-580), fueron llamados con razón "los últimos romanos". Ambos pertenecieron a una generación que aún se sentía romana. San Isidoro perteneció a la siguiente generación, que ya fue consciente de formar parte de una nueva época, en una nueva comunidad y con una nueva patria, que ya no era Roma, sino el Reino Hispano-Godo, sobre todo una vez que éste alcanzó la unidad religiosa con Recaredo, en el año 589.

Una de las consecuencias más importantes de la unidad religiosa fue la íntima asociación de la Iglesia con la Monarquía en el gobierno y en la administración. La Iglesia representaba a la población hispano-romana, y la asociación del gobierno del Rey con la Iglesia significaba la plena integración de los godos con los hispano-romanos. De esa intensa asociación fueron expresión institucional los Concilios de Toledo, en los que San Isidoro participó y muy destacadamente. Una integración política interiorizada por el autor de las *Etimologías*, que postulaba la más estrecha coordinación entre la autoridad eclesiástica y el poder real. Y es que, en realidad, a Roma no la sucedieron exactamente los reinos bárbaros, sino que puede decirse, sin temor a errar, que realmente la sucedió la Iglesia Romana.

San Isidoro, como indica el Profesor Truyol Serra, sistematizó en la filosofía cristiana la diferencia entre el buen gobernante y el tirano. Se trata de una idea inspirada en el Papa San Gregorio Magno (540-604), pero la formulación fue de San Isidoro. La diferencia entre el buen gobernante y el tirano la fundó San Isidoro en la adecuación de los actos de gobierno a la Ley Natural y a la Ley Civil. Es decir, al respeto de esos preceptos por el gobernante. Sobre esa base, San Isidoro distinguió entre el Rey, monarca legítimo, y el tirano, cuyo gobierno violento y opresivo debe considerarse ilegal. Una diferenciación entre rey legítimo y tirano, en la que late una apelación a los derechos personales de los súbditos, cuya violación justificaría la desobediencia y hasta el enfrentamiento contra el tirano. Una idea que se puede considerar precedente del derecho de resistencia que se teorizaría siglos después.

El pensamiento político de San Isidoro está inspirado en la Patrística y en San Agustín (354-430), especialmente en el denominado el "agustinismo político". Consistió éste en una interpretación de la obra de San Agustín *La Ciudad de Dios* (De Civitate Dei), que identificaba a la Iglesia con la Ciudad de Dios y a la sociedad política con la Ciudad de los Hombres, para proponer la subordinación del poder temporal al poder espiritual del Papa. El concepto del poder de San Isidoro está fundamentado en la idea, ya establecida en la Patrística Cristiana, de que toda autoridad procede de Dios.

De San Agustín tomó San Isidoro los criterios para fundamentar la validez y vigencia de las leyes. También fue San Isidoro el primero en enunciar la existencia, junto al Derecho Natural y al Derecho Civil, de un "derecho de gentes", con lo que preludió lo que modernamente sería conocido como Derecho Internacional, siglos más tarde. Y bajo la inspiración de Cicerón, teorizó y sistematizó San Isidoro la posición cristiana respecto a las condiciones de la guerra justa.

Muy pocas obras filosóficas, como las *Etimologías* de San Isidoro, han sido tan utilizadas, y hasta explotadas, durante tanto tiempo como obra general de consulta. Escrita en el siglo VII, las *Etimologías* sirvieron de base para fundar los estudios universitarios en las Universidades que surgieron a finales del siglo XI. La más antigua fue la de Bolonia, fundada en 1088. Las materias contenidas en los cuatro primeros libros de las *Etimologías* fueron convertidas, en los incipientes planes de estudio, en el *Trivium* (gramática, retórica y dialéctica) y el *Quadrivium* (aritmética, geometría, música y astronomía), asignaturas estudiadas en los primeros tiempos de las universidades. Según cita Abellán, tras la invención de la imprenta (1440), las *Etimologías* serían editadas diez veces, entre 1470 y

1529, ya en el Renacimiento. Fue un texto de autoridad y obra enciclopédica de consulta, muy utilizada durante casi novecientos años.

4. La llamarada del islam

Para el gran historiador belga Henri Pirenne (1862-1935), no ha existido en la historia del mundo una ruptura comparable, por la universalidad y lo instantáneo de sus consecuencias, como la producida por la expansión del islam durante el siglo VII. La fulminante rapidez de su propagación sorprende tanto como la inmensidad de sus conquistas. Ochenta años después de la muerte de Mahoma (570-632), los musulmanes se extendieron, desde Arabia, hasta el Mar de la China, por el Este, y hasta el Océano Atlántico por el Oeste, sin encontrar apenas resistencia.

Ni persas, ni hindúes, ni chinos, ni bizantinos, fueron capaces de impedir la expansión de la nueva religión árabe. China, por razón de su inmensidad, y Bizancio, por tener parte de su imperio en Europa, consiguieron a duras penas escapar de esa primera oleada islamista. Pero Bizancio perdió casi todas sus provincias asiáticas y las africanas. También declinaría Bizancio en Europa con las invasiones eslavas, que la aislaron de occidente. El Reino Visigodo de Toledo cayó en el año 711. La oleada del islam sólo se detendría ante las murallas de Bizancio, en el segundo asedio árabe de los años 717 y 718, en el oriente europeo, y en la batalla de Poitiers (732) en Europa Occidental, ante los Francos de Carlos Martel (686-741), el abuelo de Carlomagno (742-814).

Esta vez, la quiebra del mundo romano sí fue definitiva. Una ruptura incluso geográfica. Hasta las invasiones árabes, el Mediterráneo había seguido articulando el mundo post-romano, como sucedía desde el tiempo de los griegos. Pero con el islam, ese mar, denominado por los romanos *Mare Nostrum*, dejó de ser familiar y casi doméstico, para convertirse en extraño y hostil. Por primera vez desde la formación del Imperio Romano, Europa Occidental se vio aislada del resto del mundo y bajo la amenaza musulmana. Los bárbaros germanos buscaban tierras más fértiles, llegaron al Imperio romanizados, se cristianizaron con rapidez y se integraron con las poblaciones romanas, fácilmente. Pero eso no sucedió con los musulmanes, ni podía suceder. Los árabes estaban menos civilizados que los pobladores de los territorios conquistados, y el motivo de sus conquista no fue racional, de orden económico o estratégico, sino producto del fanatismo religioso.

LOS ÁRABES EN HISPANIA

En España, los árabes instauraron hasta el año 756 un Emirato dependiente del de Damasco. En ese año llegó a España Abderramán I (731-788), príncipe Omeya que había logrado escapar a la matanza de su familia, ordenada en el año 750 por Abdul Abbas, creador de la dinastía Abasida. Abderramán I creó el Emirato independiente de Damasco, en Córdoba. Uno de sus sucesores, Abderramán III (891-961), convirtió el Emirato en Califato, que perduraría hasta el derrocamiento, en 1031, del último Califa, Hisham III (975-1036). Tras su caída, el califato se disgregó en reinos de taifas. Unos reinos que nunca se volverían a unir, salvo en los momentos de las invasiones africanas de Almorávides (1080), Almohades (1145) y Benimerimes (1275), que más que unificar las taifas, las conquistaron y sometieron sucesivamente.

Actualmente está muy en boga la falsa idea de que los árabes fueron muy tolerantes con los vencidos cristianos. Y eso no fue así o, al menos no fue exactamente así. A los cristianos y a los judíos se les permitía el ejercicio de su religión mediante el pago de tributos. Pero, aunque se obligaba a los infieles a pagar esos tributos, periódicamente se desataban persecuciones y los barrios cristianos y las juderías eran asaltados. Los musulmanes nunca se han caracterizado por su tolerancia religiosa. Como mucho, se han mantenido periodos de menos intolerancia en unas épocas que en otras, pero nunca en la tolerancia exactamente.

Las persecuciones contra los cristianos abundaron. También las de los judíos, pese a que pagaban igualmente tributo de infieles. La persecución más importante por el número de víctimas, pero no la primera ni la única, fue la desatada en el año 950 por el emir cordobés Muhammed I (823-866), hijo y sucesor de Abderramán II (792-852). Entre los miles de víctimas causadas se encontraron San Eulogio (800-859), Obispo de Córdoba, y Santa Leocricia, una mujer musulmana convertida al cristianismo, martirizada también en el año 859. Esas persecuciones, casi constantes, determinaron un continuo flujo migratorio de cristianos que huían de la España musulmana (Al-Andalus) hacia los núcleos de resistencia del norte, muy especialmente hacia el incipiente Reino Astur-leonés.

IMPORTANCIA CULTURAL DE LOS
MUSULMANES EN LA EDAD MEDIA

En cuanto a sus aportaciones culturales, los árabes no fueron creadores de mucho más que de su religión. Pero, a cambio, fueron excelentes transmisores de saberes, técnicas, cultivos, etc. Trajeron a occidente el papel, la seda y el arroz de China, entre otras muchas cosas. En las matemáticas, difundieron los llamados números arábigos, que realmente son de origen hindú, al igual que sucede con el concepto del número "cero". Entre los siglos XI a XIII, los árabes desarrollaron una importante actividad intelectual de traducción al árabe de textos greco-latinos que, revertidos luego también al latín en Toledo, desplegaron una enorme influencia en la escolástica cristiana europea. En realidad, durante los siglos VIII a XI fueron los árabes y sus traducciones, especialmente en Hispania, los que despertaron el pensamiento occidental.

El pensador clásico del islam que más influencia ha desplegado entre los musulmanes fue, sin duda, el persa sunnita Algacel, o Al Ghazali (1058-1111). La obra de Algacel impulsó de modo duradero la visión esencialista de la religión islámica, socavando la tradición racionalista (aristotélica) iniciada entre los primeros traductores al árabe de las obras clásicas greco-latinas. De las obras de este teólogo, jurista, filósofo y místico, destacan *El Resurgimiento de las Ciencias Religiosas* y *La Incoherencia de la Filosofía*, que son quizá los textos más leídos por los musulmanes, después de *El Corán*. Algacel recibió, a través de la patrística la influencia del platonismo, así como del agustinismo político, que interpretó en clave estrictamente teocrática. Muchos orientalistas consideran que la causa principal del declive de la ciencia en el mundo islámico fue el ataque de Algacel a los filósofos (científicos, físicos, matemáticos, lógicos). Ataque culminado en *La Incoherencia de la Filosofía.*

Los autores más destacados de la escuela de filosofía hispano-árabe, fueron Avicena (980-1037) y Averroes (1126-1198), racionalistas aristotélicos, cuya trascendencia radica en la gran influencia que desplegaron en el desenvolvimiento de la filosofía cristiana medieval, ya que nunca han sido estudiados en el mundo musulmán y sólo se les ha estudiado y se les estudia, actualmente, en las Universidades europeas y americanas. El averroísmo introdujo en la filosofía europea la separación radical entre fe y razón. En el mundo islámico, Averroes se hizo famoso por los esfuerzos que desplegó para resistir la corriente integrista de Algacel, mediante la refutación de su obra. Pero sus intentos resultaron vanos y solo le valieron para ser condenado y repudiado por los musulmanes, que abandonaron la filosofía para centrarse en la mística del sufismo.

Hubo también un importante foco de pensamiento entre los judíos arabizados, que no islamizados, en Hispania, cuya figura más señera fue Maimónides (1138-1204). Pero Maimónides padeció de un drama análogo al de Averroes: un judío arabizado cuya obra, de inspiración aristotélica, sólo fue estudiada y ha trascendido en la filosofía cristiana. Una trascendencia que alcanzaría por la difusión en Europa de las traducciones al latín de las obras de estos autores árabes o arabizados, y de sus traducciones al árabe de textos clásicos greco-latinos, efectuadas en las escuelas de la Hispania musulmana, especialmente en Toledo.

Por último, en lo que se refiere al propósito de este ensayo, es decir, en lo relativo a la libertad y a la teoría del poder, el mundo islámico siempre fue radicalmente opuesto a la misma idea de libertad. La palabra "islam" significa exactamente sumisión. Y en cuanto al poder y al derecho, los musulmanes crearon sus instituciones políticas bajo el influjo de la religión mahometana, como teocracias, en las que el poder está fundado y legitimado en la autoridad delegada directamente por Dios (Allah) en el gobernante, sea emir, califa o sultán, que aplica la ley coránica, la *Sharia*, como derecho.

No es posible dudar de que el primer gran hito de los europeos en el largo proceso de recuperación de la libertad, perdida desde los tiempos finales del Imperio Romano, fue la resistencia a la oleada de las invasiones musulmanas desatadas desde el siglo VII. Una amenaza de invasión, que constituyó un peligro más que tangible durante siglos sobre Europa. El último gran ataque musulmán a Europa tuvo lugar en 1683, en el siglo XVII, con el llamado Segundo Asedio de Viena por los turcos. La resistencia al islam se vivió con especial intensidad en Hispania, desde los primeros momentos, en el siglo VIII.

5. El comienzo de la Reconquista

En medio de las nieblas astures, entre leyendas que quizá reflejan la realidad mejor que las escasas crónicas disponibles, se levantó hacia el año 718 un núcleo cristiano en las montañas de Asturias. Su líder, Don Pelayo, consolidó el territorio en el año 722, con la victoria en la batalla de Covadonga. Pero no adoptó el título de rey, sino el de "Prínceps" (Príncipe). En breve, el principado astur, con el Rey Alfonso I (693-757) se transformaría en Reino de Asturias, y más tarde en Reino de León. Un reino que pronto reclamó para sí la legitimidad del perdido Reino Visigodo de Toledo, del que se proclamó continuador, adoptando sus leyes, como el *Fuero Juzgo*, y su protocolo y usos.

NÚCLEOS INICIALES DE RESISTENCIA AL ISLAM

Además del reino asturiano, surgieron también durante el siglo VIII otros núcleos cristianos de resistencia al islam en el norte de Hispania, en la proximidad de los Pirineos. Inicialmente estuvieron agrupados en la Marca Hispánica del Reino Franco. Fueron el núcleo pirenaico-pamplonés, el aragonés y los condados catalanes. Pero a diferencia del núcleo asturiano, todos los núcleos de resistencia pirenaicos estuvieron inicialmente bajo la soberanía más o menos nominal del Reino Franco, que los integró en la llamada Marca Hispánica. Un territorio concebido por los reyes francos como baluarte para dificultar las penetraciones musulmanas al norte de los Pirineos, es decir, con fines puramente defensivos. Aunque pronto el reino asturiano enlazó con los núcleos pirenaicos por su propia fuerza expansiva.

Con el tiempo, el núcleo pamplonés se convirtió en Reino de Pamplona, bajo Íñigo Arista (790-852), que aseguró su independencia del Reino Franco en el año 824. El núcleo aragonés terminó siendo un condado dependiente, primero del Reino Franco y después del de Pamplona, que se transformaría en reino en el año 1035. Los condados catalanes se empezaron a separar del Reino Franco a comienzos del siglo X, cuando se hicieron hereditarios, de modo unilateral. Desde la consecución de la independencia del reino franco, pamploneses y aragoneses se incorporaron activamente a la reconquista de los territorios musulmanes del sur, como luego harían también los catalanes.

EL REINO DE ASTURIAS

Pese a la extrema posición periférica que ocupaba en la cristiandad, situado en el *Finisterrae*, el reino asturiano obtuvo pronto fama, reconocimiento y alto prestigio en Europa. En primer lugar, por su tenaz y victoriosa resistencia contra los musulmanes. Pero también por razón de un libro que triunfó en la Europa de la época, marcando un hito para el renacer cultural de occidente, y de una tumba que sacudió y renovó el espíritu de la Cristiandad: el libro del Beato de Liébana y la tumba del Apóstol Santiago.

El Beato de Liébana (730- 798), fue un monje que vivió en la comarca de Liébana (Cantabria, España), en las estribaciones de los Picos de Europa. Su obra es una edición comentada del *Apocalipsis* de San Juan. Pero el *Comentario del Apocalipsis* alcanzaría gran difusión en la Edad Media por sus observaciones sobre teología y política. El libro, que fue editado en el año 776 y reeditado en 786, constituyó un auténtico revulsivo intelectual en la decaída y aislada Europa de finales del siglo VIII. Esta edición del *Apocalipsis*, permitió a este texto recuperar su carácter tradicional de libro de la resistencia cristiana. Ya había sido considerado así, en la época de las persecuciones romanas. Pero en el comentario del Beato, los símbolos tomaron un nuevo sentido y Babilonia no era ya Roma sino Córdoba, etc.

Carlomagno, Rey de los Francos y luego primer Emperador Romano-Germánico (800), lo difundió por toda Europa, pues vio en el libro una apelación a la resistencia frente al islam que, además, repudiaba las posiciones contemporizadoras de aceptar el dominio musulmán. El gran sabio cristiano de la época y maestro en la Escuela Palatina de Carlomagno, Alcuino de York (735-804), que impartía el *Trivium* y el *Quadrivium* de San Isidoro, también comentó el libro del Beato y contribuyó a su difusión en Europa.

El libro del Beato se consideró un apoyo teórico-religioso a la política de defensa contra los incesantes ataques islámicos, que inspiró a los primeros reyes carolingios. De esa política de Carlomagno de resistencia al islam, nacería la alianza que concertó, en el año 795, con el rey asturiano Alfonso II (760-842), una alianza que se haría más fuerte en los años siguientes. En el marco de esa política, el comentario del *Apocalipsis* del Beato de Liébana, se convirtió en un llamamiento general a luchar para liberarse de la amenaza musulmana. Un llamamiento que también encontró una excelente acogida en Roma por parte del Papa Adriano I. Y en toda la Cristiandad.

El concepto de *Cristiandad* (Christianitas) se acuñó en este tiempo para referirse a la comunidad universal de los cristianos. También denominada a veces *Populus Christianus* y *República Christianae*, la cristiandad era el lazo espiritual que unía a todo el pueblo cristiano por encima de naciones, territorios o reyes. Irreductible a cualquier comunidad política diferenciada y, a la vez, separada y diferente de la Iglesia institución, pero que englobaba a todos los que realizaban la obra colectiva de la defensa de la fe y de la resistencia contra los musulmanes.

Por último, en su *Comentario del Apocalipsis*, el Beato destacó el papel del Apóstol Santiago en la evangelización de Hispania. Una postulación de la figura de Santiago el Mayor, como evangelizador de los españoles y combatiente contra los musulmanes (Santiago Matamoros), que preludió el descubrimiento, pocos años después de la muerte del Beato, de la tumba más famosa de España: la tumba del Apóstol Santiago, en Compostela, en el año 830. El Rey Alfonso II de Asturias reconoció el hallazgo. Más tarde, y con el apoyo del Emperador Ludovico Pio (778-840), hijo de Carlomagno, Alfonso II consiguió también el reconocimiento Papal y la creación del Camino de Santiago (año 834). El camino de Santiago significó la plena reintegración de Hispania en la Cristiandad

Europea, en la que Santiago de Compostela se convertiría en la ruta de peregrinación cristiana más importante, junto con Roma y Jerusalén.

6. El origen de Castilla

A diferencia de los núcleos de resistencia pirenaicos, el Reino de Asturias desplegó desde sus comienzos una vigorosa política de expansión, tanto hacia el sur, como hacia este y oeste. Ya el primer rey asturiano, en sentido estricto, Alfonso I (693-757), extendió sus dominios al este, hacia la actual Cantabria, a la Bureba y a la Vardulia, que fueron los territorios iniciales en los que surgiría no mucho después Castilla. A mediados del siglo X, el territorio reconquistado por los astur-leoneses había alcanzado el Río Duero, mientras los núcleos pirenaicos no consiguieron dominar el valle del Ebro, hasta el siglo XII.

NACIMIENTO DE CASTILLA

También el nacimiento de Castilla se encuentra envuelto en las brumas de la leyenda, con escasas referencias históricas fiables al Reino de León (sucesor del reino astur). Según la tradición, en tiempos del rey Fruela II (874-925), a comienzos del siglo X, los castellanos estaban descontentos con el gobierno del Reino de León porque recibían agravios, eran menospreciados y se les trataba con desdén y desprecio. Por eso, reuniéndose en junta, acordaron rebelarse y liberarse del dominio leonés. Para ello eligieron a dos Jueces que serían sus caudillos, los gobernarían en la paz y los dirigirían en la guerra. Los dos jueces evocan la imagen dual de los Pretores romanos y, desde luego, los recuerdan en cuanto a la facultad que tenían conferida para crear derecho mediante sus sentencias. Sus nombres fueron Nuño Rasura (789-862) y Laín Calvo, yerno del anterior y del que se desconocen datos de nacimiento y muerte. El primero fue abuelo de Fernán González (910–970), primer Conde de Castilla independiente, y Laín Calvo está considerado antepasado del Cid, Rodrigo Díaz de Vivar (1048-1099).

Probablemente la realidad era algo más discreta y, realmente, lo que consiguió Fernán González no fue exactamente la independencia, sino que su Condado de Castilla fuese hereditario para su estirpe. Lo que sin duda era un paso hacia la independencia política. Y el primer Rey de Castilla no fue Fernando I (1016-1065), que era más bien Rey de León, por lo que el primer rey de Castilla fue Sancho I (1038-1072) y II de León, a la muerte su padre, Fernando I, por la división que hizo de su reino entre sus hijos, dando Castilla a Sancho, en 1065, que así era elevada a la categoría de reino por primera vez.

Quizá, una vez más, la leyenda adquiere casi tanta trascendencia como los hechos, sea el que sea el grado de realidad histórica subyacente a las fábulas mencionadas de los Jueces de Castilla y de los condes independientes. O el de otras leyendas no menos fabulosas pero muy expresivas, como el episodio de la quema del *Fuero Juzgo* por los castellanos, entendido como rechazo del "Derecho Leonés", para instaurar el libre arbitrio del juzgador propio del derecho común romano, y de Castilla. O la no menos idealizada consideración de Fernando I como primer Rey de Castilla, ya citada. Fernando era hijo de Sancho Garcés III el Mayor (992-

1035), Rey de Pamplona-Nájera, que también fue Conde de Aragón y gobernó León y Castilla. Sancho III el Mayor consiguió la máxima expansión del primitivo reino de Pamplona-Nájera y aprovecho la descomposición del Califato de Córdoba para avanzar en la reconquista. A su muerte, dividió el reino entre sus hijos, correspondiéndole al primogénito, García Sánchez III (1012-1054), llamado "el de Nájera", el Reino de Pamplona-Nájera, y Aragón a su hijo Ramiro (1035-1063), primer rey de Aragón. Fernando I, hasta entonces Conde de Castilla por herencia de su madre, llegó a ser también Rey de León, por la herencia de su padre.

Tanto en las leyendas citadas y otras, que se tuvieron por historia cierta hasta tiempos muy recientes, y en los fragmentarios hechos de los que existe acreditación, lo verdaderamente trascendente es que ambos, hechos y leyendas, expresan lo mismo: la rivalidad y confrontación crecientes entre el cada vez más rígido orden señorial leonés, o el del Reino de Pamplona-Nájera, y el más abierto y libre orden de Castilla.

El orden más libre de Castilla es una idea recurrente en la tradición castellana. Procede de la propia configuración de la Castilla inicial, un peligroso territorio fronterizo del Reino de León. Castilla era tierra de lucha y de combate, en la que sus habitantes, en gran parte hombres de armas libres, disfrutaban de un estatuto legal más liberal que el de los restantes súbditos leoneses.

Un dato este último que facilita comprender el surgimiento de un impulso renovado en la reconquista, con la aparición de una nueva potencia política en Hispania. Una potencia que hacía de la defensa de su libertad y los derechos de sus súbditos uno de sus rasgos distintivos. Y un estatuto de libertad de los castellanos que se contraponía al despotismo feudal del Reino de León, del que Castilla se había ido separando, desde que se convirtió en condado hereditario, con Fernán González. E igualmente un rasgo distintivo que también diferenciaba a Castilla del Reino de Pamplona y Nájera.

Expresiones de esa idea de la "libertad" castellana se encuentran en la misma literatura medieval, que recogió el ideal de libertad distintivo de los castellanos. Se aprecia, por ejemplo, en Gonzalo de Berceo (1198-1264), en su poema *Vida de Santo Domingo de Silos*. Ahí, el poeta narra como el Santo, Prior del Monasterio de San Millán de la Cogolla, entonces bajo dominio navarro, tuvo que escapar del Rey navarro. Y lo hizo huyendo hacia la libre Castilla, donde el Rey Fernando I le encomendaría la reconstrucción del Monasterio de Silos, una de las joyas del románico castellano.

Leyenda e historia se hermanan igualmente en la importancia de los derechos de los castellanos, como acredita el episodio literario de la Jura de Santa Gadea, recogido en el *Romancero*. El Cid, en la Jura de Alfonso VI en Santa Gadea (año 1072), no actuó solo, por sí y para sí. Lo hacía en representación de los castellanos y para Castilla. Alfonso VI era aún un rey leonés y, en la época, a diferencia de León, la Castilla libre no se sometía al rey sino por su legitimidad. Y eso exigía de su titular la dignidad de la realeza, el respeto a los derechos de sus vasallos y la observancia de leyes y fueros. El Rey deberá jurar, y juró, para ser coronado. Este episodio expresa también la integración entre Castilla y León, bajo supremacía castellana, como lo acredita el que todo un

Rey de León, Alfonso VI, se sometiese a la dura prueba de las Juras para poder alcanzar la corona castellana.

La potencia castellana se fundó en los hombres de armas libres, que abundaban en Castilla. Los colonos militares que protagonizaron la repoblación y defensa de los territorios reconquistados a los moros, en el avance cristiano hacia el sur. A diferencia del primer reino astur-leonés y de los núcleos pirenaicos iniciales, Castilla no tendría como objetivo, tanto mantener la resistencia frente al islam, sino el de alcanzar la victoria definitiva sobre los moros para liberar a Hispania de la amenaza musulmana. La Castilla del siglo XI recogería, renovándolo y reforzándolo, el espíritu de reconquista que había caracterizado la primera expansión del reino astur-leonés, entre los siglos VIII y X.

7. Los grandes cambios del siglo XI

El siglo XI fue el siglo de la Primera Cruzada, organizada por el Papado, que conquistó Jerusalén en 1099 y fundó en Tierra Santa el Reino cristiano de Jerusalén. En España, los cada vez mayores avances cristianos, aseguraron que el Camino de Santiago, con el apoyo del Rey Alfonso VI y mejorado por Santo Domingo de la Calzada (1019-1109), se transformase en una vía de peregrinación segura. Y en una vía de comunicación privilegiada de Europa y con Europa. Los monjes cluniacenses, con protección del rey Alfonso VI, organizaron y ordenaron el Camino de Santiago. Y por el Camino de Santiago penetraría en España el arte románico, la literatura de francos y sajones y la filosofía escolástica. Como penetraron en Europa, desde España, por esa misma vía, las ciencias y la filosofía de los aristotélicos árabes.

En toda Europa se intensificarían el comercio y las ferias, y aumentó la riqueza y la población. Y también crecieron las ciudades, en las que se celebraban esas ferias. Estos cambios se vieron reforzados por la denominada "recuperación del Derecho Romano". El descubrimiento de un ejemplar del Digesto justinianeo, a finales del siglo XI, por el jurista de Bolonia Irnerius (1050-1130), se considera el momento inicial de la denominada "Escuela de la Glosa", tan importante en la recuperación de la tradición jurídica romanista. Y de la mano del creciente influjo del Derecho Romano, inevitablemente, se produciría la recuperación de la idea de los derechos personales.

LA EXPANSIÓN CASTELLANA

La conquista de Toledo por Alfonso VI, en 1085, intensificó la relación cultural de las escuelas árabes de esa ciudad. Estas poseían traducciones al árabe de textos greco-latinos perdidos en Europa que, tras la reconquista de Toledo, se tradujeron del árabe al latín, para su difusión por los centros europeos del saber. En la primera Universidad Europea, la Universidad de Bolonia, fundada en el año 1088, se estudiarían el *Trivium* y el *Quadrivium*, ya citados, pero también se estudiarían los textos de Aristóteles y otros autores de la antigüedad, recuperados a través de las traducciones de sus obras realizadas por los árabes. Uno de esos traductores fue el judío converso Juan Hispalense (¿?-1180). La escuela toledana, que ya existía, se mantuvo tras la conquista de Toledo por Alfonso VI, aunque no sería institucionalizada como Escuela de Traductores de Toledo, propiamente dicha, hasta la segunda mitad del siglo XIII, por Alfonso X el Sabio (1221-1284), que la orientó hacia la astronomía, la medicina y las ciencias en general.

En España y en Europa, el siglo XI constituyó el inicio de un tiempo de fortalecimiento político y económico. De consolidación interior, de expansión y de estabilización social y política. En España, el avance cristiano desde la línea del Duero al Río Tajo, culminó con la conquista de Toledo. Y sus expediciones a Lorca, Almería, Zaragoza, etc., muestran un poderío militar y económico considerable, dirigidos por un poder suficientemente fuerte como para realizar esas empresas. Y fuerte asimismo para resistir, pese a las derrotas iniciales, la invasión de los Almorávides, comenzada el año 1088 y que se prolongaría hasta mediados del siglo XII.

La expansión de la nueva potencia Castellano-leonesa, sirvió de estímulo y acicate a los núcleos pirenaicos, especialmente al reciente Reino de Aragón (creado en 1035) que, bajo Alfonso I el Batallador (1073-1134), conquistó Zaragoza, en el año 1118. Alfonso I el Batallador también reinó en Pamplona-Nájera y hasta gobernó Castilla y León, entre 1109 y 1112, por su boda con la Reina Dª Urraca. A su muerte, surgió el Reino de Navarra, separado definitivamente de Aragón. Alfonso I el Batallador dejaría sentadas las bases de la futura gran potencia aragonesa.

EL PERSONAJE DEL CID

Pero en Hispania, el siglo XI fue también el siglo histórico del Cid (1048-1099), aunque el personaje mítico de la literatura tendría que esperar hasta el año 1140, año en que se ha datado el texto del poema del *Cantar de Mio Cid*. El Cid posee la rarísima cualidad de ser un personaje real y también literario, a la vez, que no sólo alcanzó fama en España, sino en toda Europa. Lo prueba el éxito logrado por el personaje, en todos los tiempos, y en lugares tan diferentes y dispares como París, Berlín o Hollywood. El Cid fue un héroe muy popular en vida y más aún después de muerto. Hombre recto y justo, valiente con la espada y hábil jefe de tropas.

Pero también hombre culto, conocedor del latín y del derecho. Un representante prototípico del tipo humano protagonista de la aparición en la historia de la potencia castellana, cuyo principal exponente sería el Rey Alfonso VI (1040-1109).

El personaje literario del Cid es un héroe, pero un héroe especial. Es un personaje arquetípico español, que ha trascendido a la literatura y a la cultura universales. No es el único arquetipo de creación española. También lo son, entre otros, Don Quijote, D. Juan Tenorio, el bandolero, el guerrillero, el torero o el delincuente honrado de Jovellanos. Aunque, a diferencia de todos ellos, el Cid fue un personaje real. El Cid ha sido considerado por muchos el prototipo del héroe cristiano medieval. Un rango al que también han aspirado personajes de la talla de los reyes Ricardo Corazón de León (1157-1199), de Inglaterra, y de Luis IX (1214-1270), San Luis, el rey santo de Francia.

El arquetipo del héroe medieval posee la peculiaridad de no serlo sólo por su valentía, audacia o habilidad demostrada en sus aventuras, como es, por ejemplo, Ulises, el gran héroe griego. El héroe medieval lo es, fundamentalmente, por la vinculación de sus acciones a una causa sacra, o a una causa justa. El héroe medieval posee una dimensión moral, de inspiración cristiana, imposible de encontrar en los héroes clásicos. Pero la dimensión heroica del Cid, y esto es lo peculiar de su caso, ha terminado por desbordar su imagen de héroe castellano, o de héroe arquetípico cristiano. Goya lo incluyó en su *Tauromaquia*, en el primer grabado de ésta, como correspondía al considerado primer Caballero de España. Y el episodio de la Jura de Santa Gadea ha permitido al Cid acceder también, desde el siglo XIX, al Panteón de los Héroes de la Libertad. El cuadro de Marcos Giráldez para el Senado, pintado en 1864, representa exactamente el momento de la Jura de Alfonso VI, en Santa Gadea de Burgos.

El impulso expansivo de los reinos cristianos, en el siglo XI, procedía de la creciente fuerza de castellanos y aragoneses. Pero también estuvo inspirado y animado por la renovación espiritual y cultural gestada en los siglos anteriores, que eclosionó en toda Europa a partir del siglo XI. Hasta ese momento, la lucha de los europeos por la libertad se había visto limitada a la defensiva. Desde comienzos del siglo VIII, los reinos de la Cristiandad no habían conseguido mucho más que defender su civilización de los embates musulmanes. Especialmente los reinos fronterizos, como los reinos españoles, que habían soportado el mayor peso en la lucha.

LA APARICIÓN DE LOS FUEROS

Pero en el siglo XI, el debilitamiento del islam, tanto en España, como en todo el Mediterráneo tras el éxito de la Primera Cruzada, permitió plantear otros objetivos. Unos objetivos que, en España, se concretarían en los Fueros. Porque el siglo XI fue también el siglo de la aparición de los Fueros en España.

El origen de los fueros estuvo en las llamadas *Cartas Pueblas*, otorgadas para la repoblación de los territorios recuperados militarmente durante la reconquista, en sus primeros momentos. Con ellas se pretendía asegurar las nuevas fronteras mediante el asentamiento de pobladores que eran guerreros y campesinos, a la vez. Las más antigua de las *Cartas Pueblas* de que se tiene constancia fue la *Carta Puebla de Brañosera* (Palencia), otorgada el año 824, a esa localidad de la entonces naciente Castilla. La finalidad de atraer pobladores determinaba el contenido de estas "cartas". En ellas se establecían las normas, con valor de Derecho, para la ocupación de las tierras y las relaciones entre los pobladores y el señor de la tierra que la otorgaba. Algunas, además, contuvieron una incipiente regulación jurídica de la vida municipal para los núcleos de población, o burgos, que iban surgiendo.

Los Fueros eran estatutos jurídicos aplicables en una determinada localidad, para regular la vida local. Establecían un conjunto de normas jurídicas, derechos y privilegios, otorgados por el rey, el señor o el propio concejo, es decir, las leyes propias de un lugar. Los Fueros nacieron en el siglo XI en el Reino de León, de hecho, el primer fuero que se conoce es el *Fuero de la Ciudad de León*, del año 1017. También tuvo importancia mayor el *Fuero de Toledo*, otorgado por Alfonso VI de Castilla en el año 1085, que ejerció mucha influencia en otros fueros posteriores. Los fueros se generalizarían en los siglos siguientes en todos los reinos cristianos de la península. Las Cartas Pueblas y los Fueros, constituyeron el segundo gran hito europeo, pues nacieron en Hispania, en el proceso de recuperación de las ideas de libertad y derechos personales, difuminadas y hasta perdidas, desde el final de la época romana.

EUROPA EN EL SIGLO XI

El siglo XI también contempló el primer gran enfrentamiento entre el Papado y el Sacro Imperio Romano-Germánico, con la Disputa y Guerra de las Investiduras, entre los años 1074 y 1122. El conflicto tuvo un resultado indeciso, pese a las victorias iniciales del Papa Gregorio VII (1020-1085). El "agustinismo político", de influjo platónico, que otorgaba la supremacía al poder espiritual (el Papa) sobre el poder temporal (el Emperador), se imponía en la cristiandad. Las primeras manifestaciones del predominio de la Iglesia sobre el Imperio fueron precisamente las Cruzadas y las Universidades. Los reinos de Hispania se vieron libres de estos conflictos por su lejanía y por ser todos ellos feudatarios del Papado.

Y fue también el siglo en el que culminó la primera gran quiebra de la cristiandad, al consumarse en 1054 la separación de la Iglesia Griega y Roma. Siglo de la reforma monacal cluniacense, del inicio de la recuperación del Derecho Romano, de auge de la economía y de renacimiento de la vida urbana, así como de creación de las primeras universidades. Un siglo que orienta el "renacer" europeo de los tres siglos siguientes, XII, XIII y XIV, que prepararon el Renacimiento de los siglos XV y XVI.

El siglo XI concluyó con la reconquista cristiana de la ciudad de Jerusalén, en el año 1099, por la Primera Cruzada. Fue también el año de la muerte del Cid. Había sido verdaderamente un siglo trascendental en el que se materializaron grandes cambios. El más importante, que, después de casi trescientos años, desde el comienzo de las invasiones árabes, Europa dejó de estar a la defensiva, como lo había estado hasta entonces, salvo en Hispania.

8. España en los siglos XII y XIII: las Cortes y el llamado primer renacimiento

La Europa cristiana, aislada tras las invasiones árabes y a la defensiva durante casi tres siglos, había reaparecido en el mundo. La conquista de Jerusalén por la Primera Cruzada, reflejó la pujanza lograda por los europeos. Los europeos occidentales iniciaron una primera expansión, que volvió a situarles en el Mediterráneo después de tres siglos de predominio naval árabe.

La apertura de los mercados orientales y de Bizancio a los comerciantes venecianos y genoveses, y a otros después, dinamizó la economía occidental y aumentó su riqueza. En el siglo XII se desarrolló y extendió un nuevo arte, de inspiración igualmente romanista, el Románico, del que han quedado grandes monumentos arquitectónicos, religiosos y civiles, así como una importante obra pictórica y escultórica.

Los cambios favorecieron la recuperación de la tradición greco-latina. La recuperación del pensamiento clásico se vio impulsada por el acceso a las traducciones árabes de los autores greco-latinos, especialmente de Aristóteles, a través de las traducciones al latín que se realizaban en España. La reaparición de los textos de Aristóteles se producía en un entorno intelectual anclado durante siglos al platonismo de la Patrística cristiana y al "agustinismo político". El máximo exponente del agustinismo político en el siglo XII fue San Bernardo Abad (1091-1153), firme partidario de la supremacía del

Papado. Mas el predominio del platonismo se vería pronto cuestionado desde el aristotelismo.

En lo teórico, fue en el siglo XII cuando se inició la polémica entre universalistas (platónicos) y nominalistas (aristotélicos) a propósito de los universales. El nominalismo conceptualista de Pedro Abelardo (1079-1142), se abriría paso, no sin dificultades. Y fue también un siglo en el que se aceleró la recuperación del Derecho Romano desde la Universidad de Bolonia, la primera universidad europea.

EL INICIO DE LA EXPANSIÓN MEDITERRÁNEA DE ARAGÓN

La disputa por la hegemonía entre el Imperio y el Papado, iniciada 1074 con la Polémica de las Investiduras, continuó enconándose cada vez más durante el siglo XII, bajo el Papa Inocencio III (1161-1216). En el siglo XIII, el conflicto llegó a ser una auténtica guerra de aniquilación y exterminio de los Hohenstaufen, la dinastía imperial.

Los Papas Inocencio IV (1185-1254), Alejandro IV (1199-1261), Urbano IV (1195-1264) y Clemente IV (1202-1268) persiguieron hasta la extinción a los integrantes de la dinastía imperial. El último de estos Papas, Clemente IV, de origen francés, entregó el reino siciliano de los Hohenstaufen a Carlos de Anjou (1227-1285), hermano del rey de Francia San Luis IX (1214-1270). Carlos de Anjou venció a los últimos Hohenstaufen, el Rey Manfredo I (1232-1262) y el Emperador Conradino IV (1252-1268), que murieron en el curso de esas guerras.

La rivalidad entre la Iglesia y el Imperio no había afectado a los reinos españoles, que se hallaban enfrascados en su propia guerra con los moros y muy alejados del conflicto. Pero la boda del aragonés Pedro III el Grande (1240-1285), con la hija de Manfredo I de Sicilia, Constanza de Hohenstaufen, en 1262, le llevó a postularse como heredero del trono siciliano, y lo ganó. Con esta aparición en Italia, comenzaría la gran expansión mediterránea del Reino de Aragón. A juicio de J. Pirenne, el éxito de la aventura siciliana de los aragoneses constituyó el origen de la futura potencia de España, que triunfaría en los siglos XVI y XVII en toda Europa y en el mundo.

LA RECONQUISTA EN LOS SIGLOS XII Y XIII

En España, en el siglo XII, la reconquista no logró muchos avances. La toma de Zaragoza por Alfonso I de Aragón, en 1118, fue el hecho más destacado y permitió la expansión aragonesa hacia Valencia. Pero Castilla y León se sumieron en la crisis subsiguiente a la muerte de Alfonso VI, sucedida en 1109. Su reino terminó dividido entre sus herederos como Reino de Castilla y Reino de León. Desgajado de éste último, apareció el Reino de Portugal. Mas, con todo, se pudo resistir la invasión de los almorávides, que no fueron definitivamente vencidos y expulsados hasta el año 1147. A estos les siguió la invasión de los almohades, que serían derrotados en las Navas de Tolosa (1212), batalla trascendental para España y para Europa, tras la que el destino del islam en la Península Ibérica pareció quedar inapelablemente sentenciado. Pero aún tardaría.

73

En el siglo XIII, con Castilla y León, definitivamente reunificadas por Fernando III, en 1230, la reconquista tomó de nuevo impulso. En 1236, Fernando III conquistó Córdoba. Y, en la década siguiente, Sevilla (1248). Simultáneamente, Jaime I de Aragón (1208-1276), el Conquistador, completó la reconquista de Mallorca y Baleares (1229) y la del Reino de Valencia (1242). El Tratado de Almizra, firmado entre Jaime I y el infante Alfonso (futuro Alfonso X de Castilla), en 1244, dejó a Aragón imposibilitado de proseguir la reconquista pues, al sur, Aragón limitaba con el Reino de Murcia, que estaba bajo soberanía castellana. De hecho, tras la revuelta mudéjar de Murcia contra Castilla, entre 1264 y 1266, el Infante Pedro de Aragón (hijo de Jaime I y futuro Pedro III el Grande), sofocó la rebelión y restituyó Murcia a Castilla. Los límites finales de Castilla y Aragón, en la región de Murcia, no se resolverían definitivamente hasta el siglo XIV.

LAS CORTES

El gran acontecimiento político de los siglos XII y XIII fue la creación de las Cortes que, unido a la aparición de los fueros y a la recuperación del Derecho Romano, permitió plantear de nuevo los problemas de la libertad y de los derechos personales, en las sociedades europeas, que habían logrado mantenerse libres del islam.

Fueron la Cortes asambleas generales de representación de los súbditos ante el rey, organizadas en estamentos, en las que se adoptaban decisiones trascendentales, se aprobaban impuestos y se reconocían derechos, así como desempeñaban funciones judiciales.

Una creación original de los europeos que hizo su aparición en España antes de que lo hiciera en ningún otro lugar o reino de la cristiandad y que, después, se generalizaría en Europa en los siglos subsiguientes.

No resulta fácil determinar si la aparición de las Cortes fue un paso adelante hacia la democracia, o si sólo se trató de un paso atrás del despotismo. Pero de lo que no hay duda es de que fue un importante avance en la recuperación de las ideas de "control del gobierno" y de "gobierno limitado", nacidas en la Grecia Clásica y desarrolladas en la Roma republicana, pero que habían desaparecido bajo el Imperio y en los siglos inmediatamente siguientes a la caída de Roma.

Las primeras Cortes de las que hay constancia nacieron en 1188, en el Reino de León. Como señala Martínez Marina (1754-1833), en su *Teoría de las Cortes*, los reyes de León y Castilla siguiendo los precedentes del antiguo reino visigodo, especialmente los Concilios de Toledo, y mirando por el bien general de sus reinos y del suyo propio, retomaron la tradición de reunir asambleas de notables para recabar su consejo en todas las grandes cuestiones.

Las monarquías de Castilla y León se habían configurado sobre la base de que el príncipe no debía gobernar arbitrariamente, como señor absoluto, sino como administrador y tutor del pueblo. Según Martínez Marina, las ideas de prudencia y moderación en el gobierno, que subyacía a las primeras Cortes, se consideraron fundamentales para el buen gobierno del reino, frente a la falta de estabilidad y paz social que caracterizaban los modos violentos de la tiranía. Por esa razón, los reyes procuraban conseguir el consentimiento y la conformidad de sus súbditos para su acción de gobierno.

Las Cortes deliberaban y decidían en común, sobre todos los puntos en que por derecho debía intervenir el pueblo. De ese modo, las grandes decisiones del Gobierno Real conseguían el respaldo más general. Los Reyes solían iniciar sus reinados jurando los Fueros ante las Cortes. Y también ante las Cortes se proclamaba al heredero del trono. Las Cortes castellanas apoyaron la campaña de las Navas de Tolosa (1212), como las Cortes aragonesas apoyaron la expansión mediterránea de Pedro III (1268). Igual que los Estados Generales de Francia apoyaron (1302) a Felipe IV, en su pugna contra el Papa Bonifacio VIII.

Las Cortes fueron una creación original de la cristiandad europea, que tuvo su primera plasmación institucionalizada en las Cortes del Reino de León, convocadas por el Rey Alfonso IX, en el año de 1188. Quizá las primeras Cortes castellanas de Carrión se celebraron también en el mismo año 1188, unos pocos meses antes que las leonesas, pero no tuvieron inicialmente la institucionalidad de las primeras Cortes de León, que se reunieron regularmente desde su primera convocatoria, hasta la fusión definitiva de los dos reinos por Fernando III, en 1230. Con su hijo, Alfonso X, las Cortes también se unificaron (Cortes de Valladolid de 1258).

Asambleas similares surgieron en Inglaterra y en Francia. En Inglaterra, el Parlamento se fue configurando durante el siglo XIII, hasta la convocatoria por Simón de Monfort (1208-1265) del primer Parlamento electivo, y sin autorización real, en 1264. Los Estados Generales de

Francia fueron convocados por primera vez, en 1302, por Felipe IV El Hermoso (1268-1314), Rey de Francia y de Navarra. Los Estados Generales de los Países Bajos se reunieron por primera vez en 1464.

En otros reinos hispánicos, Portugal y Aragón, las Cortes se crearon durante el siglo XIII, si bien en ambos casos existieron, desde finales del siglo XII, las Curias Regias o Curias Generales, antecedentes directos e inmediatos de las Cortes. Las Cortes de Portugal, con representación de las ciudades, fueron convocadas por primera vez en Leiria, en 1254, por Alfonso III de Portugal (1210-1279), el Reformador. Las Cortes de Aragón surgieron en 1283, cuando Pedro III (1240-1285) el Grande de Aragón, para conseguir el apoyo de todo el reino en su aventura siciliana, convocó una Corte Plena o General, en la que reconoció el Privilegio General y estableció la reunión anual de las Cortes. En el Reino de Valencia, dentro de la Corona de Aragón, se ha fechado la primera reunión de Cortes en 1261, convocadas por Jaime I (1208-1276), el Conquistador. En Navarra el nacimiento de las Cortes sería algo más tardío, y la institución no se regularizó hasta el año 1328.

EL NACIMIENTO DE LA POTENCIA HISPANA

El siglo XIII fue fundamental en España. Tanto Aragón, como Portugal, terminaron su acción en la reconquista, pues ambos dejaron de tener fronteras con los musulmanes. Igual había sucedido con Navarra en el siglo XII. Y Castilla casi la dejó concluida, tras la ocupación de la Castilla la Novísima (Andalucía

Occidental), que dejó reducido a vasallaje y al pago de tributos al último reino musulmán, Granada.

El nacimiento de la potencia hispana a que se refiriere J. Pirenne, en su citada obra, se produjo en todos los ámbitos. Los reinos hispanos aparecieron en Europa como potencias navales y militares, Aragón en el Mediterráneo y Castilla y Portugal en el Atlántico. Pero también como potencias comerciales y culturales de primer orden.

Los Tronos de Castilla, de Portugal y de Aragón conocieron la sucesión de grandes monarcas que, a diferencia de épocas anteriores, más que gobernar, lideraron sus reinos fuertemente apoyados en sus respectivas Cortes, que les secundaron en sus principales empresas.

En Aragón, se produjo una secuencia de grandes monarcas durante el siglo XIII, Pedro II (1178-1213), el Católico, Jaime I (1208-1276), el Conquistador, Pedro III (1240-1285), el Grande, y Jaime II (1267-1302), el Justo, terminaron la reconquista aragonesa y comenzaron la gran expansión mediterránea de Aragón. Los reyes de Portugal no quedaron a la zaga en ese siglo. Sancho I, Alfonso II, Sancho II y Alfonso III, terminaron también la reconquista portuguesa con la ocupación del Algarve, y sentaron las bases de la posterior expansión atlántica de Portugal.

En Castilla, los monarcas del siglo XIII también descollarían, teniendo todos ellos apodos muy expresivos, tanto al menos como los antes mencionados aragoneses: Así fueron reyes castellanos Alfonso VIII (1155-1214), el de las Navas de Tolosa (1212), Fernando

III (1199-1252), el Santo, y Alfonso X (1221-1284) el Sabio.

Si con la aventura mediterránea siciliana, en 1282, de Pedro III el Grande de Aragón (1240-1285) comenzó el despliegue internacional de la futura potencia hispana, como apuntó J. Pirenne, con Alfonso X el Sabio se fundaría también la potencia cultural española que eclosionaría en el Renacimiento. Sin olvidar que, en esa misma época, existió una importante escuela de pensamiento formada en el reino de Aragón, en torno a San Raimundo Lulio (1232-1316). Fue también un siglo en el que surgieron las primeras Universidades hispanas, en Castilla las de Palencia (1212) y Salamanca (1218), en Portugal la de Coimbra (1290), y en Aragón la de Lérida (1300).

Ya contaba para entonces la cultura hispánica con obras y figuras señeras en siglos anteriores, a los que se ha hecho referencia, como San Isidoro o el Beato de Liébana, más arriba citados, que alcanzaron gran difusión en la cristiandad. Y se contaba con obras literarias de primer nivel, como el *Cantar del Mío Cid* o el *Poema de Fernán González*, también fundamentales en la literatura europea medieval.

Con Alfonso X de Castilla, y también con Jaime I de Aragón, la literatura, las ciencias, el pensamiento, las artes y el derecho españoles, empezaron a ser objeto de atención y estudio en Europa, más allá del prestigio alcanzado por algunas de las obras señeras anteriores. Fue la época del primer gran poeta español, Gonzalo de Berceo (1198-1264) que preludió las grandes obras literarias del siglo XIV.

En el siglo XIII se compusieron las primeras historias generales de España. Así, tras *De Rebus Hispaniae* (1243), una historia de España encargada por Fernando III al Cardenal Primado y Canciller Jiménez de Rada (1170-1247), Alfonso X, bajo su personal supervisión, ordenó la composición de la *Estoria de España* (1284). Fue la primera Historia de España que recogía, desde los tiempos míticos de los primeros pobladores, hasta el reinado de su padre, el Rey Fernando III el Santo. La *Estoria de España* fue escrita en romance, como en lengua romance se publicó en Aragón la obra de Jiménez de Rada, en 1252, bajo el título de *Estoria de los Godos*.

La obra científica, literaria, histórica y jurídica que impulsó Alfonso X ha alcanzado fama mundial. Alfonso X patrocinó, supervisó y, a menudo, participó con su propia mano en un impresionante esfuerzo de recuperación cultural, no muy diferente a los que se desarrollaban en toda Europa. El Rey, oriento y dirigió los trabajos de la Escuela de Traductores de Toledo, donde realizó sus principales contribuciones a la ciencia.

Y fue autor de una ingente obra literaria que potenció en gran medida la prosa en romance castellano. Tampoco dejó de realizar incursiones en la poética, siendo el autor de las Cantigas de Santa María y otras obras de poesía, varias de ellas en romance gallego.

Alfonso X dirigió personalmente la elaboración de las *Leyes de Partidas* (1265), un esfuerzo de homogeneización jurídica para todo su reino de impronta e inspiración romanista. Las *Leyes de Partidas* han sido el cuerpo legal de más larga vigencia en América, pues rigieron desde 1492 hasta mediados del siglo XIX, incluso en la mitad de lo que son actualmente los Estados Unidos de América. Un bajo-relieve con la efigie de Alfonso X el Sabio adorna actualmente la Cámara de Representantes del Congreso, en el Capitolio de Washington, conmemorativo de las aportaciones legislativas del rey castellano a la jurisprudencia norteamericana.

La importancia científica de Alfonso X ha sido reconocida incluso internacionalmente. Ordenó y dirigió la elaboración de las llamadas *"Tablas Alfonsíes"*, el primer estudio de Astronomía en el que se reflejaron los resultados de las observaciones astronómicas efectuadas en Toledo, entre 1263 y 1272. Las *Tablas Alfonsíes* se realizaron sobre la base de los estudios del astrónomo árabe cordobés al-Zarqali (1029-1087), por los científicos judíos Yehuda ben Moshe e Isaac ben Sid, bajo supervisión del rey. Siguiendo el sistema heliocéntrico de Ptolomeo, consiguieron determinar las posiciones exactas y precisas del movimiento de los cuerpos celestes conocidos.

Las *Tablas Alfonsíes* serían utilizadas por Copérnico (1473-1543) y por Kepler (1571-1630), y fueron la base para calcular la duración del año del Calendario Gregoriano (1582), actualmente vigente en todo el mundo. En 1935, se otorgó a Alfonso X el Sabio el reconocimiento mundial como astrónomo, nombrando en su honor al cráter lunar "Alphonsus".

EL PENSAMIENTO EUROPEO Y LA ESCOLÁSTICA

En el pensamiento, en el siglo XIII, frente a la recepción del aristotelismo por San Alberto Magno

81

(1193-1280) y Santo Tomás de Aquino (1225-1274), dominicos, los franciscanos permanecieron más fieles al platonismo de la tradición agustiniana. Pero dieron al pensamiento de San Agustín un sentido peculiar, que ha permitido establecer una escolástica franciscana diferenciada.

En la escolástica franciscana, que tanto influyó después en el Renacimiento, descollaron las figuras de San Buenaventura (1221-1274), Rogerio Bacon (1220-1292), Duns Escoto (1266-1308) y San Raimundo Lulio (1232-1316), este último en el Reino de Aragón. Raimundo Lulio fue autor de una importantísima obra filosófica y de una destacadísima novela medieval, *Blanquerna* (1283), contribuyendo con su obra a la difusión de la lengua romance, en la que se expresó a menudo. De todos ellos, ha de recordarse a Rogerio Bacon, en el que se ha visto el inicio de una filosofía cientificista, el empirismo, que tanta importancia ha llegado a adquirir en el pensamiento anglosajón, y del que se le considera precursor.

Aparte de la importancia general de la escolástica franciscana en el nacimiento del espíritu científico moderno, y de la importancia de la *Ars Magna* de Raimundo Lulio, en la filosofía, que proyectaría el platonismo al neo-platonismo renacentista, en lo que se refiere al propósito de este ensayo, destaca la novedad que Lulio imprimió también a la interpretación tradicional del agustinismo político.

Truyol Serra ha señalado que Lulio, partiendo del agustinismo político, planteó desde nuevas bases la supremacía del poder espiritual (el Papa), sobre poder temporal. El pensamiento político de Lulio correspondió exactamente con ese momento de esplendor, finalmente efímero, en el que los Papas, tras conseguir la aniquilación del Imperio (1268), se pudieron plantear la tarea de dirigir el destino, tanto espiritual como temporal, de todos los reinos y principados cristianos, en la segunda mitad del siglo XIII.

Como ha destacado el Profesor Abellán, el pensamiento de Raimundo Lulio quedó coronado con una gran visión utópica de reforma social, que culminaría en una Cristiandad justa y en paz. Sólo bajo la guía espiritual del Papado sería posible concluir las cruzadas, con la victoria cristiana sobre el islam. Y sólo el Papa podría establecer la *Pax Cristiana*, en la Cristiandad, tras siglos de luchas con el Imperio, entre los siglos XI al XIII, concluidas con la victoria total del Papado. Lulio reivindicó la idea de Cristiandad, justo en el momento en el que la misma idea de Cristiandad estaba a punto de disolverse ante la emergencia de los modernos estados nacionales.

Para Lulio, la Cristiandad era un corpus espiritual general que constituía una auténtica *Respublica Fidelium* (república formada por todos los fieles cristianos), pero distinta de la Iglesia institución, aunque también regida por el Papa. La *respublica fidelium* era, pues, la misma Cristiandad, que se superpondría a las *Res-publicas* (o estados), que eran regidos por los diferentes Príncipes concretos.

Esa superposición estaba concebida para reafirmar la supremacía espiritual y temporal del Papado. Pero al formularla, recuperó en la Cristiandad el debate sobre la separación entre el poder temporal de los Príncipes Cristianos y el poder espiritual del Papa, justo cuando la noción de Cristiandad se encontraba en trance de desaparecer.

9. España y las crisis del siglo XIV

Nada más inextricable y desconcertante que las crisis europeas en el tiempo que se extiende desde el inicio del siglo XIV, hasta mediados del siglo XV. Crisis, además, simultáneas, no sucesivas. Toda la sociedad europea pareció ponerse en fermentación.

La Iglesia triunfante sobre el Imperio de los Hohenstaufen, en 1268, cayó muy pronto. Desde el año 1303, el Papado se vio sometido por los reyes de Francia, con motivo del conflicto entre Felipe IV y el Papa Bonifacio VIII. Primero, el Rey de Francia nombró un Papa francés, Clemente V, con el que se inició el denominado "Cautiverio de Avignon" de los Papas (1309-1377). Y al destierro "francés" le siguió el "Cisma de Occidente" (1378-1417), que llegó a ofrecer el esperpento de tres Papas simultáneos, excomulgándose unos a otros. Y vio también nacer dos "herejías" nuevas que dejaron rastro, la del británico Wycliff (1324-1384), los denominados "lolardos", y la del checo Jan Hus (1370-1415) y los "husitas".

La vieja *Cristiandad*, forjada desde el siglo V hasta el siglo XIII, estalló en pedazos. La Cristiandad se diluyó ante el surgimiento de las naciones modernas. Unas naciones nacidas bajo las poderosas monarquías, que habían sabido unir al pueblo en el gobierno mediante los Parlamentos, Estados Generales y Cortes, surgidos desde finales del siglo XII. Francia, hija predilecta de la Iglesia Romana, e Inglaterra, ambas las más poderosas y cristianísimas monarquías europeas, se enzarzaron a continuación en la Guerra de los Cien Años. Una guerra que en realidad duró 116 años (1337-1453), todo un record. Franceses e ingleses rezaban al mismo Dios, con las mismas oraciones, para que les favoreciese en la aniquilación del adversario. El mérito mayor de Santa Juana de Arco (1412-1431), la Doncella de Orleans y gran santa francesa, consistió en combatir contra los ingleses, dejando la duda de si tal cosa podría ser grata a Dios.

Pero eso no fue todo. Durante el siglo XIV se mantuvo la amenaza de invasión por los mongoles que, tras haber ocupado en el siglo XIII Rusia, se habían quedado a las puertas de conquistar Polonia y Hungría. Durante todo el siglo XIV, los mongoles continuaron sus correrías por la Europa Oriental, hasta bien entrado el siglo XV. Y los turcos pasaron a Europa, iniciando la conquista de la Península Balcánica.

El siglo XIV fue también un siglo en el que los europeos padecieron una larga y letal epidemia de Peste Negra, que alcanzó su máxima virulencia entre 1347 y 1353. Europa perdió algo más de la mitad de su población en la epidemia. Las pérdidas humanas, en el caso de Alemania, llegaron a casi dos tercios del total. La Peste Negra limitó las amenazas de invasión de los mongoles y de los turcos otomanos (musulmanes) en el este europeo. El impacto de todo este convulso acaecer debilitó y, quizás, hasta destruyó el orden de creencias tradicional de la sociedad cristiana europea y sus instituciones. Europa Occidental dejó de ser "una única sociedad cristiana", la Cristiandad, para pasar a conformar un conjunto de sociedades distintas y hasta contrapuestas, más o menos cristianas, más o menos secularizadas.

APARICIÓN DE LOS REINOS ESPAÑOLES EN LA POLÍTICA EUROPEA

Los reinos hispanos, que habían evitado implicarse en las guerras del Imperio y el Papado, entre los siglos XI a XIII, no pudieron eludir en el siglo XIV las nuevas crisis europeas y terminaron involucrándose en ellas. Los intereses de los reinos españoles se habían extendido por el norte, hacia Flandes (Castilla), y sobre todo por el este, en el Mediterráneo (Aragón), donde los comerciantes de Barcelona competían con venecianos y genoveses.

Al oeste, Portugal se aprestaba a iniciar la exploración del Atlántico. Navarra pasó a manos de dinastías francesas y hasta a soberanía directa de los reyes de Francia durante muchos años. El reino musulmán de Granada se debatiría hasta su final entre el vasallaje y la guerra con Castilla. Y el Rey de Castilla, Alfonso XI (1311-1350), rechazó la última invasión musulmana de África, la de los Benimerines, entre 1340-1341, y conquistó las pequeñas taifas que aún subsistían, como Algeciras. Una guerra en la que el rey castellano contó con la ayuda de Alfonso IV de Aragón (1299-1336), que envió al estrecho de Gibraltar la flota aragonesa. Alfonso XI fue el único rey europeo que pereció a causa de la Peste Negra, en Gibraltar, en 1350.

España había sido, desde el siglo VIII, el lugar en el que el catolicismo europeo había obtenido sus únicas victorias verdaderamente duraderas contra el islam. De hecho, la lucha de los reinos cristianos españoles siempre obtuvo el respaldo del Papado y de los reyes de Europa. Por ejemplo, la campaña de las Navas de Tolosa, en el año 1212, fue declarada "cruzada" por el Papa y contingentes europeos, sobre todo franceses, con aragoneses y navarros, se unieron a los castellanos para lograr esa decisiva victoria.

Y el Camino de Santiago, abierto desde el año 834, había constituido siempre una razón de peso para lograr ayuda y colaboración de la "cristiandad" europea, en la guerra permanente que se libraba en España para asegurar la libertad de Europa frente al dominio musulmán. Pero esa lucha se vio relegada en la conciencia europea a un segundo plano, ante el espectáculo sin duda más brillante de las cruzadas de los siglos XI al XIII. Mas la Cruzadas, aunque al final fracasaron, lograron atraer más la atención de príncipes, prelados y público.

LA ESPAÑA MEDIEVAL Y EUROPA: ENTRE EL OLVIDO Y LA SORPRESA

Los reinos cristianos de España fueron los creadores originales de los Fueros, concediendo derechos a los hombres libres y a las ciudades. Y fueron pioneros en la conformación de las asambleas representativas con participación del pueblo, las Cortes, en el siglo XII. Como igualmente fueron de los primeros en acoger la recepción del derecho romano en la propia legislación, como sucedió con las importantísimas *Leyes de Partidas*, en el siglo XIII. Cosas todas ellas que pasaron más bien desapercibidas entre los europeos que, ocupados en sus propios asuntos, habían prestado habitualmente más atención a los conflictos del Imperio con el Papado y a las Cruzadas.

Pero, aunque los cambios que se habían producido en España no estuviesen siendo muy claramente percibidos en Europa, sí que estaban sucediendo efectivamente y estaban cimentando una gran potencia. Podía apreciarse con la expansión mediterránea de Aragón, que se apoderaría de Cerdeña en el siglo XIV y que protagonizaría la "aventura de los almogávares" en Bizancio, con Roger de Flor (1266-1305) y con los aragoneses Ducados orientales de Atenas y Neopatria, de Berenguer de Entenza (¿?-1306).

Pese a esa sempiterna tendencia al "olvido" europeo de las cosas de Hispania, los reinos cristianos españoles dejaron de verse en el siglo XIV como aquellos parientes lejanos del extremo occidental de Europa. Unos parientes a los que había que ayudar de vez en cuando para mantener abierta esa ruta de peregrinación cristiana que era el Camino de Santiago. Más aún, los españoles empezaron a verse en Europa como poderosos aliados potenciales en los conflictos y guerras del siglo. Y su alianza fue buscada por los contendientes de la Guerra de los Cien Años, Francia e Inglaterra. Igualmente sucedió después con las crisis del Papado, en las que hasta hubo un Papa español, el aragonés Papa Luna, Benedicto XIII (1328-1423). Nombrado Papa en 1394, fue depuesto en 1415, aunque él se reivindicó como el único y auténtico Papa hasta su muerte.

Fue durante la Guerra de los Cien Años, cuando se puso de manifiesto ante toda Europa la existencia de la potencia de los reinos españoles. Como recoge J. Pirenne, sólo en lo estrictamente naval, la auténtica vencedora en la guerra entre franceses e ingleses, fue España. En efecto, la poderosa flota castellana se imponía en el Mar del Norte, con reiteradas victorias sobre los británicos. Y, además, la escuadra aragonesa era dueña y señora del Mediterráneo y se imponía frente a turcos, bizantinos, venecianos y genoveses.

LAS GUERRAS ENTRE LOS REINOS CRISTIANOS DE ESPAÑA Y SUS GUERRAS CIVILES

Como subrayó H. Pirenne, a pesar de sus discordias y luchas dinásticas, Castilla, Aragón y Portugal presentaban en el siglo XIV un parecido sorprendente, casi un aire de familia, que permite comprender con facilidad lo análogo de su historia. La nobleza, esencialmente militar, defendió enconadamente sus privilegios frente a la Corona en todos los reinos hispanos, aunque quizá más intensamente en Aragón. Y los reyes hicieron frente a esas noblezas recurriendo al apoyo de los hombres libres, especialmente de las burguesías urbanas, desde principios del siglo XIII. Sólo los reyes podían garantizar a las ciudades paz y seguridad en las comunicaciones, y los burgueses ciudadanos buscaban el poder justiciero del rey para protegerse de las pretensiones de la nobleza. Pero la alianza de las ciudades con las respectivas Coronas fue más íntima y duró mucho más tiempo en los reinos españoles que en Francia o en Inglaterra. En el siglo XIV abundan entre los reyes españoles los sobrenombres de "el Justo", como Dionisio de Portugal (1279-1325), o "el Justiciero", como Pedro I de Castilla (1334-1369), o "el Legislador" y también "el Justo", aplicados a Jaime II de Aragón (1267-1327).

Fueron las discordias internas producidas dentro de cada reino hispano, en el siglo XIV, y que se extenderían a casi todo el siglo XV, lo que dio a las Cortes oportunidad para aumentar su peso y su poder ante los reyes. Las pugnas internas se agudizaron con los cambios dinásticos producidos tanto en Portugal, como en Castilla, Navarra o Aragón, este último en 1412, llegando a convertirse en guerras civiles a menudo. A las luchas internas, hay que añadir las guerras entre castellanos y aragoneses, y entre castellanos y portugueses, causadas por las alianzas de cada uno de ellos con Francia o con Inglaterra, durante la Guerra de los Cien Años. El principal mecanismo utilizado por las ciudades en las Cortes, al objeto de asegurar sus derechos, fue la aprobación y recaudación de los recursos financieros que necesitaban los soberanos para mantener sus pretensiones políticas y sus ejércitos. Es decir, la aprobación de los tributos y subsidios que pedían los soberanos.

Las querellas dinásticas y la guerra entre cristianos, durante el siglo XIV y casi todo el siglo XV, absorbieron de tal modo la atención de los reinos españoles que casi se abstuvieron de acabar la reconquista. El reino nazarí de Granada lograría sobrevivir, como feudatario de Castilla, hasta 1492. A cambio, los reinos españoles, especialmente Castilla y Aragón, desarrollaron su comercio y se enriquecieron.

Aragón disputaba la supremacía del comercio en el Mediterráneo a venecianos y genoveses, y Alfonso IV de Aragón ocupó Cerdeña (1336), de la que se proclamaría también rey. Simultáneamente, la lana castellana competía con ventaja con las lanas británicas en el suministro a las industrias de hilaturas y tapices de los Países Bajos. La ciudad de Brujas (Flandes) fue el punto de atracción del comercio castellano que, a mediados del siglo XV, tenía tanta representación como la propia Hansa alemana.

Portugal, aliado de Inglaterra, y también Aragón, aliado de Francia, combatieron en el siglo contra los castellanos. Estos fueron, primero, aliados de Inglaterra, con el rey Pedro I (1334-1369). Después, serían aliados de Francia, con el primer Trastamara, Enrique II (1334-1379) y sus sucesores. Todo ello en el marco general de la Guerra de los Cien Años.

EL PODERÍO ESPAÑOL ANTES DEL RENACIMIENTO

A mediados del siglo XV, incluso antes del matrimonio de los Reyes Católicos, Fernando e Isabel, en 1469, que uniría para siempre Castilla y Aragón, España había ganado una posición en el mundo, sin que apenas lo advirtieran los demás países europeos. Portugal inició la exploración atlántica a comienzos del siglo XV, descubriendo Madeira y las Azores. Y Castilla disputaba la primacía comercial en Flandes desde el siglo XIV, además de iniciar la exploración y conquista de Canarias. Aragón, por su parte, era la mayor potencia comercial y naval del Mediterráneo. Sólo el reino de Navarra languidecía envuelto en los conflictos internos que lo debilitarían, entre *beaumonteses* (procastellanos) y *agramonteses* (profranceses).

El poder español estaba fraccionado en varios reinos y no era aún lo bastante grande y potente. Pero ningún otro estado, ni siquiera Venecia, había sido capaz de desarrollar una expansión similar a la de castellanos y aragoneses. Si a esto se une un pueblo templado en la guerra contra el islam, militar en tierra y mar a la vez, y con gran confianza en sí mismo, era fácil adivinar que el nuevo actor que había aparecido en el escenario europeo lograría ganar el peso y la importancia que terminaría por alcanzar España, en los siglos siguientes.

La falta de expresión tangible, en lo político y en lo militar, del emergente poderío español, estuvo causada por las querellas internas de cada reino y por las contiendas entre ellos. Pese a todo, prosiguió y se profundizó el desarrollo de la potencia cultural hispana, especialmente en sus lenguas romances. Y es que, en el siglo XIV, las lenguas romances conocieron una extraordinaria eclosión literaria. Ya en el siglo XIII las habían difundido autores cultos de la categoría de Gonzalo de Berceo o Raimundo Lulio. Y hasta fueron impulsadas las lenguas romances por los propios monarcas, como el caso de los castellanos Fernando III y Alfonso X. Pero en el siglo XIV, las literaturas en lengua romance, especialmente las producidas en romance castellano, alcanzaron niveles de calidad que han convertido a alguna de las obras entonces escritas en referentes de la literatura universal.

El Mester de Clerecía, tan bien representado en el siglo precedente por Gonzalo de Berceo, encontró en el siglo XIV un digno sucesor en la figura de Juan Ruiz

(1283-1350), el Arcipreste de Hita, con su *Libro del Buen Amor*, datado entre 1330 y 1343. Una de las mejores obras de la literatura española de todos los tiempos, que tomó parte de su inspiración del famoso *Ars Amandi* del clásico latino Ovidio.

La épica del anterior Mester de Juglaría, pervivió en el llamado *Romancero Antiguo*, fijado en el siglo XIV. Sin olvidar las obras del Infante D. Juan Manuel (1282-1348), en especial su obra cumbre, *El Conde Lucanor*, concluida en 1335. Sin que se pueda dejar de mencionar el enorme éxito literario y de público que logró la novela de caballería *Amadís de Gaula*, datada en el siglo XIV y escrita en romance castellano, que alcanzó una gran difusión en toda Europa entre los siglos XIV al XVI.

En la Corona de Aragón destaca, por su valor historiográfico y literario, la *Crónica de Muntaner*, escrita en romance catalán, en 1332, por el soldado y cronista Ramón Muntaner (1265-1336). La *Crónica de Muntaner* es una de las cuatro grandes crónicas medievales de Aragón, escritas en romance catalán, y que forman quizá el mejor conjunto historiográfico medieval para conocer la grandeza de la Corona Aragón, desde los tiempos del Rey Jaime I, el Conquistador.

Era un panorama literario que preludiaba el esplendor de la lírica y la prosa españolas del Renacimiento en el siglo XV. En España, y también en Europa, pues el *Amadis de Gaula* se convirtió en una de las novelas más leídas en la Europa de la época prerrenacentista y renacentista.

También el siglo XIV vio la aparición de nuevas universidades, en las que se iría preparando la impresionante irrupción de la cultura hispana en el

Renacimiento. Una irrupción cultural que se materializaría en los siglos XVI y XVII, tanto en las ciencias y las artes, como en la filosofía y la teología, con las grandes obras españolas del llamado Siglo de Oro.

10. A qué se llama Renacimiento: ¿hubo Renacimiento español?

El Renacimiento no iba a significar la ruptura con el orden medieval que muchos han querido ver. Más bien fue una culminación. La culminación de un prolongado esfuerzo europeo, iniciado desde antes de las invasiones árabes, para recuperar el legado cultural y civilizatorio de la antigüedad greco-latina.

Un esfuerzo que se había intensificado desde el siglo XI y que, en los siglos XV y XVI, alcanzaría su plenitud en el Renacimiento, en el que serían trascendentales las aportaciones españolas.

¿FUE LA EDAD MEDIA UN TIEMPO DE "OSCURIDAD"?

El Renacimiento no se considera en la actualidad tan tajantemente opuesto a la Edad Media, como lo presentó la simplificadora visión de la Ilustración del siglo XVIII. La Edad Media no puede seguir contemplándose como ese hipotético paréntesis de Barbarie Gótica, de edad oscura entre dos épocas luminosas, la antigüedad greco-latina y el esplendor Ilustrado que remontaría su origen al Renacimiento. Es cierto que la Edad Media comenzó, en la época de las invasiones germanas, con un periodo más de "oscurecimiento" cultural y civilizatorio, que de oscuridad. Pero esa oscuridad no la trajeron los pueblos bárbaros, o no sólo ellos.

El gran historiador de la Edad Media, Henri Pirenne, sostuvo que los bárbaros salvaron a Roma de los propios romanos. La pretendida oscuridad de la Edad Media no fue exactamente tal. Ya se había oscurecido mucho la civilización en los últimos dos siglos del Imperio Romano, siglos IV y V. La Edad Media, y casi desde el principio, fue más un tiempo de recuperación, cada vez más intensa, del nivel civilizatorio alcanzado por la Roma de su momento cenital.

Desde el siglo XI hubo constantes avances civilizatorios, de los que la recuperación del Derecho Romano, los Fueros y la Cortes serían hitos en los siglos XII y XIII. Igual que también fueron hitos la aparición de las Universidades, los desarrollos matemáticos y técnicos aportados por la ciencia medieval, etc.

El Renacimiento no constituyó exactamente la ruptura con la tradición cultural del medievo. Más bien fue la respuesta del hombre europeo de la Baja Edad Media, ante las nuevas condiciones históricas, técnicas y hasta geográficas que, desde finales del siglo XIV, le obligaron a abrir su espíritu en múltiples direcciones. Aparecieron tierras incógnitas en Asia, en África y, sobre todo, en América, y se verificó que la Tierra era redonda. Por si fuera poco, Copérnico (1473-1543) estableció la estructura del Sistema Solar siguiendo a Ptolomeo, y con la Tierra girando alrededor del Sol.

No es posible albergar dudas a este respecto: en muy pocos años, el lugar del hombre en el mundo había variado mucho y no solo por los descubrimientos geográficos. Los saberes se empezaron a difundir en sectores progresivamente más amplios de la sociedad.

Los países más avanzados en la navegación crearon Escuelas de Pilotos Navales, como la portuguesa de Sagres y la española de Cádiz. Los artesanos darían paso al nacimiento de la ingeniería y un orfebre de Maguncia, Gutemberg (1400-1466), inventaría hacia 1440 la imprenta, que tan importante sería para la difusión del espíritu renacentista. Y con Paracelso (1493-1541), la química empezó a dejar de ser sólo magia y alquimia. La secularización de la cultura que se produjo en el Renacimiento era, no solo necesaria, sino totalmente inevitable.

Además, y no se suele reparar en ello, los hombres del Renacimiento no aspiraron tanto a lograr un "retorno al pasado" greco-latino, como a conseguir la recuperación integral y directa de ese mismo pasado. Mas no a modo de imitación, para restaurarlo sin más, o para quedarse simplemente ahí, en ese pasado concebido como ideal de cultura.

El Renacimiento tomó el pasado greco-latino como un punto de apoyo seguro, pero no para emularlo, sino para superarlo. Un punto de apoyo para mover el mundo y continuar la marcha progresiva de la historia. Es decir, adoptaron el mundo clásico como raíz y base sólida del proceso civilizatorio que los renacentistas pretendían continuar impulsando, pero sin renunciar a nada de lo logrado en los siglos posteriores a la caída de Roma.

En el siglo XIX, como ha destacado el Profesor Truyol Serra, se originó una auténtica "rebelión de medievalistas", para reivindicar el valor de la Edad Media en la forja de la modernidad, frente a la simplificadora visión rupturista del Renacimiento, propia de la Ilustración. Porque, entre los siglos XI al XVI lo que hubo, sobre todo, fueron líneas de continuidad. Aunque sí sea cierto que los siglos XV y XVI contemplaron grandes cambios, resumibles en la variación de los asuntos de interés: la mirada del hombre renacentista se trasladó de lo trascendente, Dios, a lo inmanente, la realidad. Es decir, dio un paso desde lo espiritual a lo tangible. Pero es que habían aparecido muchas nuevas realidades que observar.

RENACIMIENTO EN ESPAÑA

En Alemania hubo una peculiar reacción ante la impugnación Ilustrada de la Edad Media. Hegel (1770-1831), tanto en sus *Lecciones de Filosofía de la Historia*, como en sus *Lecciones de Historia de la Filosofía*, negó que en el mundo católico, en general, y en España en particular, se hubiese conocido Renacimiento alguno. Sí respetó el Renacimiento italiano, pues negarlo era del orden de lo grotesco. En su filosofía de la historia, Hegel sostuvo que el Renacimiento, salvo en Italia, consistió principalmente en la Reforma Protestante. Y así, los adversarios de la Reforma religiosa, como lo fue muy señaladamente España, representarían tan solo el espíritu anti-renacentista. Pero esa equiparación de Hegel, entre Reforma y Renacimiento, es demasiado aventurada y muy poco respetuosa con la realidad de los hechos históricos.

Más o menos en la estela de Hegel, especialmente en materia de pensamiento, como recuerda el Profesor Abellán, autores casi siempre alemanes han negado la existencia de un "Renacimiento Español", tradicionalmente. La hipótesis negadora llegó a la misma España. Y es que, entre los negadores de la existencia de un movimiento renacentista español estuvo el español José Ortega y Gasset (1883-1955), quizá por influjo de sus maestros alemanes. Abellán considera que esa negación obedecería, sobre todo, al hecho de que el Renacimiento Español ha sido estudiado principalmente por autores extranjeros, que partían del Renacimiento italiano y la Reforma protestante como referentes básicos del periodo.

Claro que esa negación choca siempre, y muy estrepitosamente, con el hecho de que uno de los más grandes humanistas del Renacimiento fue el español Juan Luis Vives (1492-1540). Sobre todo, porque una de las cimas del pensamiento renacentista en su primer gran momento de esplendor, en la primera mitad del siglo XVI, fue él. Vives, junto con Erasmo de Rotterdam (1466-1536) y Santo Tomás Moro (1478-1535), fueron las principales figuras del Renacimiento de la primera mitad del siglo XVI. Los tres, muy buenos amigos, entre sí, como lo acredita su correspondencia, fueron católicos, incuestionablemente, y el tercero, incluso santo y mártir de la Iglesia Romana.

Y no sólo eso. Los tres, Erasmo, Vives y Moro, elaboraron las primeras defensas teórico-teológicas del catolicismo frente a la Reforma. No cabe considerar a Luis Vives como un caso aislado. El erasmismo, del que Vives fue figura egregia, se constituyó principalmente como una escuela española, lo que tampoco encaja bien en el esquema negador de nuestro Renacimiento. El Cardenal Cisneros (1436-1517), erasmista él mismo, intentó sin éxito traer a Erasmo a la recién creada

Universidad Complutense (1506). Y, para entonces, la Universidad de Salamanca estaba en su apogeo, lanzando al mundo el pensamiento de Francisco de Vitoria (1483-1546) y de la Escuela Salmantina de pensamiento, que brillaría en todo el siglo XVI y hasta mediados del siglo XVII.

La incoherencia de los negadores del Renacimiento Español la expresó como nadie el propio Ortega y Gasset, quizás sin reparar mucho en ello, al reconocer que Juan Luis Vives fue el primer intelectual serio de occidente. Y eso que, conforme a lo negado por Ortega, no podía considerársele como renacentista, en modo alguno, pues era católico y español.

SÍ HUBO UN RENACIMIENTO ESPAÑOL

Quizá, como propone Abellán, el nudo de la cuestión está en situar los hechos en su correcto contexto. La catolicidad no puede aceptarse como criterio para decidir si hubo o no Renacimiento. El factor religioso no pesó sólo en España. Los países que finalmente fueron protestantes, pusieron con la reforma las bases del despliegue del factor religioso en su política, con resultados muy poco acordes con el espíritu renacentista, por cierto. El protestantismo político durante sus dos primeros siglos de existencia, siglos XVI y XVII, otorgaba al Príncipe la doble condición de soberano espiritual y temporal, ambos de modo absoluto. Un planteamiento teocrático derivado del viejo agustinismo político, que chocaba radicalmente con el espíritu renacentista.

Por el contrario, en el mundo católico, y señaladamente en España, el factor religioso en la política estaba tradicionalmente asumido y ya bastante modulado en la línea del *Evangelio* de San Mateo: dad al César lo que es del César, y a Dios lo que es de Dios, y tengamos la fiesta en paz, si es posible. El Renacimiento surgió en la católica Italia y fue impulsado y apoyado por los Papas católicos, desde el primer momento.

No sólo hubo renacimiento católico en España. También el renacimiento francés, con autores tan importantes como De la Boetie (1530-1563) y Montaigne (1533-1592), tuvo unas bases incuestionablemente católicas. Y mal estaría, siendo españoles, olvidar el renacimiento portugués, no menos católico, articulado en torno a la Universidad de Coimbra, muy relacionada entonces con la Universidad de Salamanca; además, los portugueses, tuvieron una destacadísima participación en los grandes descubrimientos geográficos del Renacimiento.

En cuanto a la reforma religiosa, tampoco se puede ignorar que España realizó una profunda reforma religiosa a finales del siglo XV. La necesidad de esa reforma era compartida por Erasmo y por todo el humanismo renacentista, también en España. De modo que, por iniciativa de los Reyes Católicos, a partir de 1493, se impulsó una reorganización eclesial de profundidad, aunque siempre con la conformidad del Papado.

La dirección de la reforma católica española se encomendó a un humanista y erasmista declarado, el Cardenal Cisneros (1436-1517). La reforma de Cisneros pretendía reavivar la religiosidad popular, muy menguada a causa del comportamiento mundano del clero. Y también debilitado por los destrozos causados por las graves discordias creadas en el mundo católico tras el "Cautiverio en Avignon" de los Papas (1309-1377), y el "Cisma de Occidente" (1377-1417), aún recientes.

La reforma de Cisneros no afectó al dogma, ni introdujo cambios teológicos, como los que impuso después la Reforma luterana. Consistió en reorganizar el clero, regular y secular, bajo los principios de mérito y ejemplaridad. Su mayor resultado fue convertir a la Iglesia española en una eficaz organización, muy estrechamente vinculada a la política y a los intereses de la Monarquía Hispana.

El éxito de la reforma de Cisneros se trasladó a Portugal, con iguales resultados, a comienzos del siglo XV. De ahí que ni España, ni Portugal, padeciesen las revueltas de los reformadores (anabaptistas, luteranos o calvinistas), que provocaron las guerras de religión en el resto de Europa. Francia, que no había iniciado reformas análogas, se vio desgarrada por las guerras religiosas durante el siglo XVI. Y hasta el Norte de Italia, Polonia, Hungría y Austria, sufrieron los conflictos religiosos con más o menos virulencia y hasta con guerras, en algunos casos.

11. España en el Renacimiento

España tenía grandes fuerzas, pero dispersas y enfrentadas a menudo. La empresas mediterráneas y atlánticas de aragoneses, castellanos y portugueses de los siglos XIV y XV, demostraban esa creciente pujanza. La unidad de Castilla y de Aragón, desde el acceso al Trono de Aragón de los Reyes Católicos, en 1479 (su matrimonio se celebró en 1469 y eran reyes de Castilla desde 1474), hizo finalmente factible que la potencia española se hiciese presente en Europa y en casi todo el mundo, después.

LA UNIDAD DE ARAGÓN Y CASTILLA

La unidad de Castilla y Aragón fue materialmente obra más de Aragón que de Castilla. Y no de la Corona de Aragón solo, sino también del pueblo llano de las ciudades, de la mayor parte de la nobleza y hasta del clero aragoneses. Aunque fuese también el resultado del viejo anhelo de restauración de la unidad visigoda, tan sentido como largamente sostenido, desde el mismo siglo VIII, en todos los reinos cristianos de España.

Fue en Aragón donde se inició el movimiento unificador final. Los representantes de los reinos aragoneses en el Compromiso de Caspe (1412), encabezados y dirigidos por San Vicente Ferrer (1350-1419), dieron el primer gran paso para la unificación final: los compromisarios de Caspe entronizaron en Aragón a la dinastía castellana de los Trastamara.

El elegido, Fernando I de Aragón (1380-1416), había sido Regente de Castilla y era tío del rey castellano Juan II (1405-1454). Y fue un hijo de Fernando I, Juan II de Aragón (1398-1473), quien dispuso el proyecto para unificar los reinos españoles. En la base del proyecto del rey aragonés, Juan II, estaban las crecientes amenazas francesas sobre los dominios aragoneses de Sicilia y Nápoles, y sobre Cataluña. La rivalidad de Aragón con Francia tenía para entonces casi dos siglos de duración.

Los Reyes de Aragón consideraron que añadir la potencia castellana a la suya, sería el mejor modo de contrarrestar la creciente amenaza francesa sobre Aragón y sus posesiones. El matrimonio concertado para su hijo Fernando (Fernando el Católico, 1452-1516), con la infanta castellana Isabel (Isabel la Católica, 1451-1504), fue el hecho trascendental para el logro de la unificación. El proyecto unificador de Juan II de Aragón alcanzó sus máximos objetivos con la entronización de los Reyes Católicos, en 1479, también en Aragón.

LOS REYES CATÓLICOS

El reinado de los Reyes Católicos puso fin al turbulento periodo de conflictos habidos entre los reinos cristianos españoles, desde el siglo XIII. Guerras entre esos mismo reinos cristianos y guerras civiles, principalmente. De hecho, los Reyes Católicos tuvieron que afirmar su corona en Castilla frente a las pretensiones portuguesas de entronizar a Juana la Beltraneja; y el Rey Católico tendría que sofocar las revueltas de Cataluña. Una vez finalizadas las discordias civiles y lograda la paz con Portugal (1479), lo primero que atendieron los Reyes fue el reconocimiento público de la unión de Castilla con Aragón, en las Cortes de 1480, celebradas en Toledo.

También a partir de 1480, los Reyes Católicos comenzaron la adopción e impulso de políticas de reforma y de reorganización administrativa y de la Hacienda Real. En 1478 se había introducido la Inquisición, bajo el control de los reyes. La rápida reorganización del Consejo Real en 1480, aprobado por las Cortes de Toledo de ese año, o la extensión a Aragón de la institución de los Regidores y Corregidores, prepararon aventuras más ambiciosas.

El año siguiente, 1481, se reanudó la guerra contra el reino Nazarí de Granada. Granada se rindió a los Reyes, el 2 de enero de 1492. También asentaron la posición de España en Italia, con las campañas del Gran Capitán (1453-1515), en 1496 y en 1502. La integración de Navarra en la Corona de España, la realizaría el Rey Católico, en 1512. Realmente fue en 1492 cuando se produjeron los hechos más trascendentales de su reinado. Año éste señero, en el que la expedición de Cristóbal Colón descubrió América, el día 12 de octubre, de 1492. También ese mismo año se decretó la expulsión de los judíos. El año siguiente, 1493, los Reyes Católicos encargarían a Cisneros la reorganización y reforma religiosa en España, a la que antes se hizo referencia.

El esplendor de la época de estos monarcas, que suele considerarse como un inicio, fue en muchos sentidos, más bien un final. Tanto si consideramos su época como el final de la Edad Media, o como el comienzo de la modernidad, nadie puede negar que sus mayores glorias desaparecieron con ellos.

La sublevación contra Carlos I denominada la Guerra de las Comunidades de Castilla (1520-1522), fue el último intento de la sociedad castellana medieval de detener el tiempo en el pasado. La revuelta de las Comunidades no fue anti-señorial, ni un anticipo de revolución burguesa, como algunos han querido ver.

Sus sucesores no tuvieron tanto talento y bastante hicieron con mantener el rumbo fijado por los Reyes Católicos, quizá con la excepción de su nieto, Carlos I y su aventura imperial europea. El reinado de Isabel y Fernando fue el tiempo de consumación de los viejos sueños e ideales de la sociedad medieval española. Es en esto concluyente la famosa anécdota de Felipe II mostrando a su hijo, el futuro Felipe III de España, en el Escorial, el retrato del Rey Católico y diciéndole: ¡A él se lo debemos todo! Los Reyes Católicos representaron la culminación de la España Medieval, en el momento en que esa misma sociedad medieval hispana estaba en trance de desaparecer.

Los Reyes Católicos consumaron el proyecto político de la Castilla medieval. Un proyecto de expansión orientado a conseguir una hegemonía que no buscaba tanto la explotación de riquezas o la pura dominación, sino que buscaba integrar al modo romano. El proyecto de expansión de castellanos y aragoneses, culminada la reconquista peninsular en 1492, se trasladó con esos mismos planteamientos al Nuevo Mundo americano que España acababa de descubrir, en 1492.

LITERATURA, ARTE Y PENSAMIENTO EN LA ESPAÑA RENACENTISTA

En cuanto a la organización política, el pensamiento y la filosofía, ese tiempo de transición entre lo medieval y lo moderno, demoró al siglo XVI la eclosión del brillante pensamiento político y jurídico español del Renacimiento, que se preparaba en las universidades españolas. En el orden práctico, los Reyes Católicos mantuvieron las reuniones de las Cortes y los derechos de las ciudades, que tanto habían apoyado su coronación.

No obstante, en las artes y la literatura, el Renacimiento proseguía desarrollándose en España, con fuerza, desde mediados del siglo XV. El estilo plateresco en arquitectura y escultura, se abrían paso y preparaban los denominados estilo Reyes Católicos y el estilo Cisneros. Y en literatura dejó las obras de autores trascendentales, como los poetas Marqués de Santillana (1398-1458) o Juan de Mena (1411-1456) y, sobre todo, Jorge Manrique (1440-1479) con sus inigualables *Coplas a la Muerte de su Padre*, una de las obras más importantes de toda la literatura renacentista.

La obra más original y notable del siglo XV español fue, sin duda, la *Grammatica* de la lengua española de Elio Antonio de Nebrija (1441-1522). Fue la primera obra que se dedicaba al estudio de la lengua castellana y a sus reglas. La *Grammatica* es el primer libro impreso que se centró en el estudio de las reglas de una lengua romance. El gran mérito de Nebrija consistió en haber compuesto, con su gramática del castellano, la primera gramática de las lenguas románicas o romances.

Su éxito se acrecentó al haber servido su obra de modelo a las gramáticas que, ya en el siglo XVI, se empezarían a componer para el idioma francés, para el toscano (italiano), y demás lenguas neolatinas.

12. De la Historia General de España, de Juan de Mariana

La Historia General de España de Juan de Mariana, en su edición original, concluía con el reinado de los Reyes Católicos. Una obra histórica que mostraba magníficamente la idea de lucha por la libertad en la construcción de España. Y muy especialmente en el tratamiento de la reconquista, que constituía la historia hispana medieval más genuina. En primer lugar, era la historia de una lucha para escapar a la sumisión del islam. Pero también una lucha para reconstruir los derechos individuales, con los Fueros y la recepción del Derecho Romano. E, igualmente, una lucha para establecer sistemas de representación del pueblo en el gobierno y el control de éste, a través de las Cortes.

Un proceso histórico singular que no se había producido en ningún otro país europeo, ni siquiera en Inglaterra. Por ello, no puede sorprender que la singladura histórica de España pudiese llegar a inspirar la percepción de la misma idea de libertad, como uno de los ejes de la evolución histórica de nuestro país. Una inspiración que no era fruto de la casualidad, sino el resultado de revisar la historia hispana y extraer las lógicas conclusiones. Así parece que lo vieron, entre otros, los norteamericanos Jefferson y Adams, como más arriba se indicó.

Una de las ideas base y conductora en que se inspiró Juan de Mariana en la composición de su Historia de España fue la idea de la "Recuperación" o la

"Restauración" de España. Idea que se constituyó en hilo conductor para explicar las caídas y los resurgimientos que conformaban la historia patria. Así, tras el hundimiento que siguió a las invasiones bárbaras que arrumbaron la feliz Arcadia de la Hispania Romana, los Visigodos se hispanizaron, con la conversión y la asunción de su españolidad, a partir de Recaredo. Al igual que la Reconquista fue el proceso "restaurador" de España, quebrada por la invasión musulmana del año 711, y restablecido en 1492.

Si la *Historia General de España* de Juan de Mariana pudo inspirar la idea de libertad, el pensamiento político-jurídico español de nuestra época clásica estableció las bases teóricas de la libertad, en los grandes debates de su siglo y de la modernidad. La apología del libre albedrío frente a la doctrina de la predestinación; la defensa del origen divino del poder, pero delegado en el pueblo; o la doctrina del tiranicidio, entre otras muchas de las grandes cuestiones planteadas por los autores españoles de esa época, sentaron las bases teóricas del liberalismo político que, apoyado en el pensamiento de los maestros españoles, daría sus primeros pasos en el siglo XVII, de la mano de Spinoza (1632-1677) y Locke (1632-1704).

III.
EL PENSAMIENTO POLÍTICO
ESPAÑOL EN LOS SIGLOS XVI
Y XVII

El período comprendido entre el primer tercio del siglo XVI y el segundo del XVII, no constituyó sólo el Siglo de Oro español en las letras y las artes. Fue también un tiempo áureo del pensamiento español, teológico, filosófico, científico, jurídico y político. El Renacimiento, en filosofía y especialmente en Italia, había comenzado con un sesgo inicial radicalmente antiescolástico. Y era cierto que la escolástica medieval se había extraviado en varios campos, como en sus excesos logicistas y deductivistas.

PLATONISMO Y ARISTOTELISMO EN EL RENACIMIENTO

Las críticas a la escolástica del inicial neoplatonismo renacentista, centradas en especial en Santo Tomás de Aquino, alcanzaron gran difusión y bastante éxito. Nicolás de Cusa (1401-1464), el "pensador entre dos mundos" (medieval y moderno), había calificado con ingenio al tomismo de ser la "docta ignorancia". Su *Elogio de la Docta Ignorancia* obtuvo mucho éxito y circuló profusamente entre todos los humanistas. Los escolásticos se vieron obligados a una completa revisión de sus fundamentos, e incluso a reformularse *vetera novis augere et perficere*, es decir, buscando integrar en la filosofía tradicional los nuevos saberes e ideas. En esa reformulación Vives desempeñó un papel de pionero y avanzó las líneas para la integración de las críticas neoplatónicas y la subsanación de las inconsistencias de la escolástica tomista.

En la estela de Nicolás de Cusa, neoplatónicos como Pico della Mirandola (1463-1494) o Marsilio Ficino (1433-1499), partidarios de la separación radical de fe y razón, fueron los protagonistas de los primeros pasos de la filosofía renacentista. Los neoplatónicos renacentistas, más que a la escolástica en general, fueron contrarios al aristotelismo de la escolástica tomista.

Sin embargo, no fueron tan contrarios a la escolástica franciscana, también de inspiración platónica, de la que algunos consideran que proceden sus críticas. En todo caso rompieron con la escolástica. Una ruptura, que se pretendía quiebra, animada por un espíritu de rebelión contra el orden vigente. Tanto Pico della Mirandola, como Ficino, formaron parte del círculo del reformador florentino Savonarola (1452-1498), de tan dramático final, condenado por el Papa y ejecutado.

EL HUMANISMO POLÍTICO EN ESPAÑA

En general, se tiende a disociar a Juan Luis Vives (1492-1540) y al erasmismo español, de los pensadores de la Escuela de Salamanca. Tanto de los autores salmantinos de la primera época, época de los dominicos, cuya figura más destacada fue Francisco de Vitoria (1483-1546), como de la segunda, de dominio de los jesuitas. Pero es esta una disociación difícil de sostener si se considera que, la Escuela de Salamanca, en esa segunda época, integró en su pensamiento, tanto a Vives y los erasmistas, como a Vitoria y a los filósofos y teólogos dominicos salmantinos que les precedieron.

Una dificultad que se acrecienta al reparar en que, tanto Vives como Vitoria, estudiaron en la misma Universidad de París, el primero de 1509 a 1520, si bien los últimos años ejerció como profesor, y el segundo, entre 1509 y 1514. Y fue en esa misma Universidad de París donde se inició lo que se ha denominado "Renacimiento Escolástico", en el que tanto destacarían luego los autores españoles.

Más tarde, y con sistemática expositiva y doctrinal más académica, Suárez, culminaría la renovación de la escolástica. Mas la primera generación del renacentismo filosófico y político en España fue de inspiración erasmista. Los humanistas españoles de comienzos del siglo XVI, como Cisneros, Nebrija, Luis Vives o Alonso Manrique, o los hermanos Valdés, fueron en su mayor parte erasmistas.

1. Juan Luis Vives

Juan Luis Vives (1492-1540), es una de las dos cimas del pensamiento renacentista en la primera mitad del siglo XVI. Y fue también el filósofo más destacado del círculo de seguidores de Erasmo de Rotterdam (1466-1536), los "erasmistas". Erasmo de Rotterdam fue la otra cumbre de ese momento cenital del primer Renacimiento. Lo que Erasmo significó en el ámbito de la teología y del espíritu religioso, lo representó Vives en la filosofía y en las ciencias, lo que le convirtió en uno de los autores fundamentales del Renacimiento.

Aunque fue un católico convencido, y hasta amigo del Papa Adriano VI, Vives pertenecía a una familia de origen judío, que fue perseguida por la Inquisición hasta extremos que causan asombro. Seguramente fue un sentido de la precaución lo que llevó a Vives a residir fuera de España, desde que salió hacia París para estudiar. Marchó a París y ya no volvió a residir nunca en España, a la que solo volvió en contadas ocasiones y por breves periodos. Se avecindó en Brujas (Flandes), ciudad entonces bajo soberanía castellana y sede de una importante colonia comercial española, desde el siglo XIII. También viajó varias veces a Inglaterra entre 1523 y 1528.

Por mediación de Tomás Moro, Vives fue invitado por Enrique VIII a incorporarse a la Universidad de Oxford, en 1523, y le nombró preceptor de la Princesa María (María Tudor), la hija del Rey británico y de Catalina de Aragón. Pero en 1528, y al igual que su amigo Moro, se opuso a los proyectos de divorcio de Enrique VIII de la Reina, Catalina de Aragón. Y en ese mismo año de 1528, preludiando la persecución que desataría contra los católicos poco tiempo después, el Rey inglés ordenó el arresto de Vives. Un arresto del que se pudo librar, retornando a Brujas. Su gran amigo Tomás Moro no tuvo tanta suerte y sería condenado a muerte y ejecutado, por orden del Rey. La intolerancia no fue cosa sólo de los católicos, no se engañe nadie.

HUMANISMO DE VIVES

Vives fue un adelantado de la nueva ciencia y del nuevo pensamiento. Un humanista muy humano y muy humanitario, como demostró con sus obras e iniciativas para el socorro de los pobres. Todo lo que emprendió en sus obras, así como lo que abordan y sugieren, indican su modernidad. Crítico severo y mordaz de los abusos de la Iglesia y de los excesos medievales, pronto descubrió que el protestantismo le venía más estrecho que ancho, como le sucedió a su amigo Erasmo. Y si bien no fue protestante, nadie puede dudar de que fue un reformador y, pensase lo que pensase sobre la Reforma Protestante, no cabe discutir sobre sus ideas acerca del Renacimiento.

Vives perteneció a la generación siguiente a la de Cisneros y Erasmo de Rotterdam. Una generación en la que también figuraron otros grandes pensadores del Renacimiento Español, como Francisco de Vitoria (1483-1546), Ginés Sepúlveda (1490-1573), o Bartolomé de las Casas (1484-1566), además del propio Vives. Una generación que prepararía a la siguiente y última generación renacentista española, la de los autores jesuitas de la Escuela de Salamanca, como Suárez, Mariana, etc., que les siguió entre finales del siglo XVI y la primera mitad del siglo XVII.

Vives mantuvo con Erasmo una intensa relación que, siendo inicialmente más la propia de maestro a discípulo, derivó en amistad, entre ellos y con el inglés Santo Tomás Moro (1478-1535). Ya se ha apuntado que Erasmo, Vives y Tomás Moro, conformaron una auténtica unidad espiritual en ese instante de verdadero apogeo del espíritu renacentista que fue el "erasmismo". Y también constituyeron los tres el grupo más esclarecido y de mayor importancia en el esfuerzo de renovación intelectual y vital de la Europa renacentista.

Vives fue el más destacado de los erasmistas españoles, pero no el único. Porque Erasmo, aunque no formó escuela ni lo pretendió, encontró en España siempre muchos lectores y muchos seguidores. No llego a viajar a España, pero sus escritos siempre encontraron en nuestro país una gran acogida e influencia. En España halló Erasmo una comprensión y una protección de la que no dispuso ni en su Holanda natal. El erasmismo tuvo en España el apoyo y la protección del Emperador Carlos V, que lo admiraba. Y contó también con la amistad, el favor y la protección de tres de los principales Inquisidores Generales de comienzos del siglo XVI, Cisneros (1436-1517), Adriano de Utrecht (1459-1523) y Alonso Manrique (1471-1538), los tres fervientes erasmistas. Adriano de Utrecht sería, además, Regente de Castilla (sustituyendo a Cisneros en 1517) y el futuro Papa Adriano VI (1522). Una protección, comprensión y apoyo con la que también contó Vives, especialmente en los momentos en que tuvo que abandonar Inglaterra, en 1528, ante la persecución de Enrique VIII.

CRÍTICA Y RENOVACIÓN ESCOLÁSTICA

La obra de Vives significó, dentro de la renovación de la escolástica, el esfuerzo de rescatar lo mejor del aristotelismo medieval, depurándolo de las interpretaciones más rigoristas de la escolástica, especialmente en lo relativo a los excesos del logicismo y el deductivismo. Objeciones que anticipan las de Kant (1724-1804) al "dogmatismo" (racionalismo), formuladas en su Crítica de la Razón Pura. Con esa revisión crítica, Vives preparó el terreno intelectual adecuado para la renovación escolástica que abordarían Vitoria, Suárez (1548-1617) y la Escuela de Salamanca en el siglo XVI. Con ello, siguiendo la senda abierta entre otros por Vives, Europa abandonaría definitivamente el universo mental propio del mundo teocéntrico de la Edad Media, abriendo las puertas al mundo antropocéntrico del humanismo renacentista, propio de la modernidad.

Vives fue consciente de que las líneas de continuidad del renacimiento, respecto al medievo, eran más importantes que las líneas de ruptura, pese a que fueran estas últimas las distintivas del nuevo espíritu. No fue un pensador que propusiera grandes teorías o sistemas. Mantuvo un espíritu de integración y de continuidad. Consideraba que, en lo fundamental, la filosofía ya estaba establecida por la escolástica. Vives fue el iniciador de la síntesis superadora de las diferencias de la escolástica medieval. Una síntesis que urgía realizar en el pensamiento europeo a comienzos del siglo XVI. Uno de sus méritos fue su contribución a la restauración de la filosofía cristiana, tras la crisis de la escolástica tradicional a finales del siglo XV.

La filosofía de Vives, como su pensamiento político, no están sistematizados en uno o unos pocos textos, pues se encuentra distribuida en el conjunto de su obra. No perteneció a ninguna escuela, fuera de su adscripción al "erasmismo", sino que más bien fue uno de los inspiradores de la Escuela Española de Filosofía, que continuarían los maestros de la Escuela de Salamanca que le siguieron. Una escuela que no daría preferencia a Platón, ni a Aristóteles, sino que se interesaría solamente por lo perenne que hay en la filosofía de la humanidad. Vives fue un espíritu universalista y libre, que avanzó ideas innovadoras en múltiples materias científicas, filosóficas, teológicas, lingüísticas, pedagógicas y políticas.

La filosofía de Vives fue sustancialmente la misma que la de Santo Tomás de Aquino, sobre todo en los planteamientos, que compartía. Aunque Vives incorporó peculiaridades que le separan de la escolástica tomista. Al igual que en la ética, se orientó hacia el platonismo en la definición del alma. Pero en las obras de Vives también se propusieron acciones en favor de la paz internacional y de la unidad de los europeos, sobre la educación y también sobre la atención a los pobres. Entre sus obras destacan los *Tratados Sobre el alma y la vida* (1538), *De Prima Philosophia*, *De Disciplinis* (1531) y *Sobre la verdadera Fe Cristiana* (1543, póstuma), obra esta última en la que reiteró su posición adversa a la Reforma Luterana. Ha de destacarse por su influencia el *Tratado del Socorro de los Pobres*.

VIVES Y EL MÉTODO CIENTÍFICO

Para Menéndez Pelayo, es en el ámbito de los saberes científicos donde mejor se aprecia la gran innovación que significó Vives en el cambio de la mentalidad teocéntrica medieval, al humanismo moderno. Unos nuevos saberes los científicos que, a comienzos del siglo XVI, ya empezaban a despuntar con sus perfiles actuales.

La actitud de Vives fue trascendental, tanto en la percepción de la importancia de las implicaciones que tenían las ciencias en lo relativo al conocimiento, como en lo relativo a su estudio y divulgación. Para él, estos nuevos saberes derivaban de la observación, de la experimentación, de la medición y, a partir de los datos obtenidos, a través del método inductivo, permitían establecer leyes generales de la naturaleza.

No fue el célebre y celebrado Bacon (1561-1626), Lord Verulam, y mucho menos Descartes, quien ideó el método científico. Ya antes Vives, especialmente en *De Disciplinis* (1531), había destacado los aspectos fundamentales del nuevo sistema de conocimiento, las ciencias. Vives perteneció, como Francis Bacon, a la tradición del llamado "conocimiento práctico", o conocimiento por la práctica, que considera el conocimiento como un hacer o una capacidad de hacer.

Y sería Vives quien estableciese que el método científico se fundamentaba en la observación y en la experimentación, y quien estableció las bases del método inductivo. Y aunque en su honor haya de reconocerse que fue Bacon quien lo sistematizó, y brillantemente en su *Novum Organum*, Vives había dejado ya establecido el método científico. Aunque Bacon tenga la fama, de un modo que no se puede calificar de inmerecida, las principales conceptuaciones ya las habría dejado establecidas Vives.

VIVES: LA REFORMA PROTESTANTE Y EL PROBLEMA DE LA LIBERTAD

Vives no fue ajeno al gran acontecimiento político-religioso de su época, la Reforma Luterana (1517) y la ruptura de la unidad cristiana derivada de la aparición del protestantismo. La gran crisis religiosa de la Reforma la inició Lutero (1483-1546) en 1517, pero no se materializó en ruptura hasta la Dieta de Worms, de 1521.

El protestantismo tuvo un rápido desarrollo inicial. Un éxito transversal, que diríamos hoy, pues Reyes y nobles vieron la ocasión de hacerse con los grandes patrimonios territoriales eclesiásticos de monasterios y abadías, y la población pobre aspiró a satisfacer su necesidad y sus ansias mediante el saqueo de esos mismos monasterios y abadías. Además del ataque general contra Monasterios y bienes eclesiásticos, promovido por los luteranos, toda Europa se vio sacudida por violentas convulsiones político-sociales, como la famosa Guerra Campesina de Alemania (1524-1525), entre otras muchas revueltas promovidas por los anabaptistas.

El protestantismo se extendió con rapidez por casi toda Europa. Con las excepciones de España y Portugal, que habían reformado sus iglesias nacionales, con consentimiento pontificio, durante los años finales del siglo XV, todos los países europeos se vieron sacudidos por la oleada protestante. Incluso, los países que posteriormente quedarían definitivamente en el lado católico. Francia, Polonia, Italia del norte, Bélgica, Hungría y el sur de Alemania, y hasta Irlanda, padecieron las guerras de religión, a veces como guerras civiles, como en Francia. En Francia, las guerras de religión, que fueron ¡ocho!, ocuparon la segunda mitad del siglo XVI, casi en su totalidad. En España, el protestante más destacado, el anabaptista aragonés Miguel Servet (1509-1553), fue ejecutado en Ginebra, en 1553, por Calvino (1509-1564). El protestantismo no podía arraigar en España. Además de la vigilancia de la Inquisición, pesaba el que, desde la conversión de los visigodos al catolicismo, en el año 589, ninguna herejía había arraigado en España.

Vives, incluso antes que Erasmo, fue de los primeros en advertir que el protestantismo era demasiado estrecho para la época y el espíritu renacentista. En realidad, los protestantes no se rebelaban tanto contra los abusos del clero y un presunto anquilosamiento de la Iglesia, que eso se hacía en toda Europa. La rebelión de los "reformadores" se produjo sobre todo contra la asunción por la Iglesia y por el Papado de los cambios operados en la mentalidad general por el nuevo espíritu renacentista. Pese a la caracterización de la Reforma hecha por Hegel en sus Lecciones de Filosofía de la Historia, que atribuyó al luteranismo la categoría de "culminación del Renacimiento", Lutero y Calvino fueron, sobre todo, la reacción contra del espíritu renacentista. En carta de 1522, dirigida a su amigo y entonces Papa, Adriano VI (Adriano de Utrecht), Vives formuló sus objeciones a los reformadores, especialmente en lo relativo a la doctrina de la predestinación, que negaba la libertad del hombre.

La primera gran disputa pública frente al emergente luteranismo fue protagonizada por Erasmo. En ella, se puso de manifiesto la contraposición radical entre el espíritu renacentista y las tesis protestantes. Como réplica a la obra de Erasmo *De Libero Arbitrio Diatribe sive Collatio* (1524), Lutero respondió en 1525, con su obra *De Servo Arbitrio* (la voluntad esclava). Lutero negaba la libertad del hombre en tema tan trascendental entonces como salvación de su alma. Con esta disputa se abrió en Europa también el debate de la predestinación.

La doctrina de la predestinación es una formulación religiosa del determinismo. Consiste en considerar que, una vez que el hombre ha nacido, ya es demasiado tarde para salvarlo o condenarlo, pues el plan de Dios otorga a cada uno su destino final desde el principio, haga lo que haga. La doctrina de la predestinación, más allá de sus implicaciones teológicas y religiosas, abrió el camino a todos los determinismos modernos, tanto religiosos, como raciales, sociales o políticos.

La polémica entre Lutero y Erasmo continuó algún tiempo más, con intercambio de nuevos argumentos entre el holandés y el alemán, en 1526. Y terminó con la condena lanzada por Lutero contra Erasmo. En ella intervino después Juan Ginés Sepúlveda (1490-1573), con su obra *De Fato et Libero Arbitrio* (Del destino y el Libre Albedrío), publicada en 1527, en la que refutó el determinismo luterano, pero en la que también criticó a Erasmo, por su escasa contundencia frente a

Lutero. Fue precisamente en este debate de la predestinación en el que más intensamente se manifestaron los protestantes, por primera vez, como enemigos del antropocentrismo y de la idea de libertad.

En la polémica sobre la predestinación, Lutero dejó sentada la tesis protestante de la absoluta ausencia de libertad en el hombre (servo arbitrio). Pero, además de la negación de la libertad, las tesis luteranas sobre el origen divino del poder del Príncipe chocaban también con la mentalidad renacentista. El luteranismo atribuía al gobernante, rey absoluto, todo el poder, tanto político como religioso, por directo ministerio de Dios. Una atribución que confundía en la persona del gobernante la titularidad del poder. El soberano tenía a la vez el poder temporal, como cabeza del Estado, y el poder espiritual, como cabeza de la iglesia reformada.

Lutero y Calvino pusieron de moda en Europa el debate de la predestinación. Un debate que angustió a casi todos los europeos en los siglos XVI y XVII, y que está anticipado en la polémica entre Lutero y Erasmo. La predestinación fue tratada por numerosos autores de la época, y su tratamiento se prolongó hasta bien entrado el siglo XVII. Renació en la Novela Gótica de los siglos XVIII y XIX. Un debate que llegó a la más amplia opinión pública, apareciendo numerosas obras literarias al respecto. Entre ellas, cabe destacar el célebre drama de Tirso de Molina (1579-1648), *El Condenado por Desconfiado*.

PENSAMIENTO POLÍTICO DE VIVES

Vives realizó también aquí una síntesis entre el agustinismo y el tomismo. Del primero tomó el pecado y la maldad humana como causas de la ruptura de la sociedad natural. Del segundo tomó la condición natural de la sociabilidad humana y el sentido utilitario de la sociedad, en la que todos necesitan de los demás, acentuando el valor de la caridad. En su obra *Sobre la Concordia y la Discordia en el Género Humano* (1529), estableció que el origen de la sociedad está en el bien y deriva de la naturaleza sociable del hombre. Por el contrario, el poder político, el Estado, se hace necesario a consecuencia del mal, que acompaña al hombre como el pecado y crea la discordia entre los hombres. La paz, para Vives, es un valor fundamental.

Vives estudió la política en tres momentos de su vida. El primero, en sus *Declamatione Syllanae* (1520), dedicado al dictador romano Sila (138-78 a. C.). Después lo haría en su *De Europa dissidiis et Republica* (1526) y, finalmente, en 1529, con su ya citada obra *Concordia et Discordia*. Su pensamiento concluyó en que, de la antigua libertad romana, la libertad civil debe quedar salvaguardada, pero que la libertad política no parecía ser compatible con las realidades del Renacimiento, claramente auspiciadoras de la Monarquía Absoluta.

La Cristiandad, la *Res-Publica Cristiana*, era todavía referencia para Vives. Pero la nueva Europa, tras quebrar su unidad religiosa, será de las monarquías nacionales gestadas en la Edad Media, que se afirmaron en el Renacimiento. Las monarquías serían absolutas en el mundo protestante y algo más limitadas en los Estados católicos. Jean Bodin (Bodino, 1529-1596), el gran teórico de la Monarquía Absoluta, adoptó ese mismo punto de vista para fundamentar la soberanía absoluta del monarca. A diferencia de Bodino y los protestantes, partidarios del derecho divino de los reyes, Vives retomó la doctrina tomista del origen del poder, entregado por Dios a la comunidad o pueblo, que es quien lo delega en el gobernante, *A Deo per populum*.

Para Truyol Serra, la principal aportación de Vives a la Filosofía del Derecho fue su defensa del derecho de propiedad. El pensamiento cristiano medieval consideraba la propiedad privada una institución del Derecho de Gentes. Para Vives, la propiedad es una institución de Derecho Natural, una prolongación de la personalidad. La comunidad de bienes es contraria a la naturaleza. Vives condenó el comunismo religioso de los anabaptistas, que proponían la abolición de la propiedad.

FINAL DEL ERASMISMO ESPAÑOL Y PROYECCIÓN POSTERIOR DE VIVES

Los erasmistas españoles fueron encontrando problemas con la Inquisición, a medida que se radicalizaba la ruptura protestante en Europa. La intolerancia se impuso en los dos campos, el católico y el protestante, y se avivaron las persecuciones religiosas. La calificación de "erasmismo", no era una acusación, pero sí un indicio de "luteranismo", para la Inquisición, en los procesos contra protestantes en España. Y aunque el erasmismo dejaría rastros visibles en las letras españolas, como en Cervantes o Quevedo, y siguió siendo objeto de estudio por los jesuitas de la Escuela de Salamanca, el erasmismo desapareció en la segunda mitad del siglo XVI.

Vives falleció en 1540 y Erasmo había muerto en 1536. Los hermanos Alfonso y Juan Valdés, erasmistas y secretarios de Carlos I, y sospechosos de luteranismo, procuraron salir de España con destino, respectivamente, a Austria y a Italia, donde fallecieron en 1532 y 1541. Un ilustre discípulo de Vives, Francisco Sánchez de las Brozas (1523-1600), el Brocense, Catedrático de Retórica en Salamanca, falleció en arresto domiciliario impuesto por la Inquisición.

Con los grandes procesos de la Inquisición contra los núcleos protestantes de Valladolid y Sevilla, realizados entre 1559 y 1562, el protestantismo quedó erradicado en España. De esos procesos, quedó pendiente el del Cardenal Carranza, iniciado también en 1559. El proceso se demoró, por presiones del Rey Felipe II, y terminó en Roma, ante el Papa, que lo absolvió parcialmente. Su abogado fue Martín de Azpilcueta (1492-1586), uno de los teóricos más destacados de la primera generación de la Escuela de Salamanca. Como ya se dijo, el más importante de los protestantes españoles, el anabaptista Miguel Servet, había sido ejecutado en la protestante Ginebra (Suiza), por Calvino, en 1553.

Sin embargo, la obra de Vives no fue proscrita por la Inquisición, ni se incluyó en el índice de libros prohibidos después del Concilio de Trento (1545-1563). Y los jesuitas mantuvieron y utilizaron profusamente en sus centros educativos las obras de Vives, que siguieron siendo estudiadas en los siglos siguientes. De este modo, durante los siglos XVI y XVII, la influencia de Vives se proyectaría sobre la segunda generación de la denominada Escuela de Salamanca, de predominio jesuita, y quizá especialmente sobre Francisco Suárez (1548-1617), en su empeño de renovación escolástica.

En el siglo XVIII, Vives sería citado y estudiado por las dos grandes figuras de la Primera Ilustración Española, el también valenciano Gregorio Mayans (1699-1781) y el Padre Feijoo (1676-1764). Y todavía, en el siglo XIX, tendría Vives nuevos momentos de esplendor, con Jaime Balmes y con Menéndez Pelayo.

Jaime Balmes (1819-1848), fue un buen conocedor y estudioso de la obra de Vives. Probablemente, la idea balmesiana de que la única filosofía posible era la filosofía del sentido común está inspirada por el valenciano. Balmes intuía que la filosofía cristiana, en la medida que hiciese el esfuerzo constante de incorporar las novedades, era la filosofía del sentido común. Balmes estudió y divulgó también la obra de la Escuela Escocesa del Sentido Común, en la que encontró confirmación de su intuición primera.

El otro gran momento de relieve de la obra de Vives, en el siglo XIX, fue la recuperación de su figura por Menéndez Pelayo. Este, en la polémica de la Ciencia Española, subrayó el papel de Vives en la creación y en la definición del método científico moderno. También reivindicaría Menéndez Pelayo la importancia de la figura de Juan Luis Vives en la filosofía renacentista, en general, y muy especialmente en la filosofía española y su desarrollo.

En el siglo XX se dio mayor importancia a las propuestas de reforma social implícitas en toda su obra, pero especialmente explicitadas en su *Tratado del*

Socorro de los Pobres. En esta materia, como en casi todas, Vives se adelantó a su tiempo. Para paliar la pobreza, propuso crear un sistema de beneficencia pública, no religiosa, que estaría a cargo de los ayuntamientos, como los que se crearían en casi toda Europa, desde mediados del siglo XIX. En ese concepto se le ha considerado el precursor de los modernos sistemas de protección social.

2. Francisco de Vitoria: la primera generación de la Escuela de Salamanca

La eclosión de la escolástica en España en los siglos XVI y XVII fue uno de los grandes momentos de la filosofía española. Mas sería erróneo considerarlo fuera del marco del renacimiento general de la teología y la filosofía del denominado "renacimiento escolástico" o "segunda escolástica". Su inspiración procede del influjo de la Universidad de París, reorganizada a mediados del siglo XV para impulsar la renovación de la escolástica, y que tan profunda huella dejaría en Vitoria y Vives, pues ambos estudiaron en ella. En París se discutió también por vez primera la cuestión de la licitud de la conquista de América por los españoles.

La Escuela de Salamanca se entrelaza y se confunde con los llamados clásicos españoles del Derecho Natural y de Gentes. A veces hasta coinciden. La aportación esencial de los teólogos y juristas españoles clásicos a la filosofía jurídica y política consistió en la aplicación de los principios generales de la moral cristiana y del Derecho natural, heredados del pensamiento antiguo y medieval, a la situación de su tiempo. El primero de ellos fue el dominico Francisco de Vitoria (¿1492-93?-1546).

RENOVACIÓN ESCOLÁSTICA

Vitoria apenas escribió y lo que se denomina su obra son ediciones realizadas de sus enseñanzas, recogidas en los apuntes de clase tomados por sus alumnos. Pero, al igual que Vives, que también estudió en la Universidad de París en los mismos años, Francisco de Vitoria, impulsó la restauración escolástica en la España del Renacimiento. Y ambos, partiendo de posiciones divergentes, coincidieron en su visión de la renovación escolástica, pese al platonismo de Vives y al aristotelismo tomista de Vitoria.

Vitoria, como Vives, abordó las divergencias existentes en la escolástica medieval desde una triple perspectiva, el tomismo, el nominalismo y el humanismo. Y el problema a resolver consistía en las posibilidades de integración de toda la filosofía escolástica en una sola. Para ello había que podar el árbol del saber de los errores y excesos acumulados por las diferentes tendencias. El tomismo fue para él la base, tanto para formar las ideas, como para su difusión mediante la enseñanza. Así, por ejemplo, Vitoria adoptó la *Suma Teológica*, de Santo Tomás, como texto formativo, sustituyendo con ella las *Sentencias* de Pedro Lombardo (¿1099?-1160). La poda de los saberes ya la había iniciado el nominalismo (nominalismo moderado), que recomendaba buscar la verdad donde ésta se encuentre, y valerse libremente de los datos, argumentos y autores que pudieran servir de apoyo en esa búsqueda. Y el humanismo constituía el impulso renovador en esa tarea, al igual que había generado la renovación en los distintos órdenes sociales, culturales y universitarios. Un humanismo centrado en el hombre y su dignidad, lo mismo que en su reforma cultural y espiritual.

EL DERECHO NATURAL

La mayor fama de Vitoria se debe a su doctrina del Derecho Internacional, sin embargo, su filosofía política es trascendental, pues en ella se fundamenta esa doctrina. Vitoria desarrolló el tomismo que definía la comunidad política como institución de Derecho Natural. Por tanto, es autónoma de los fines temporales del hombre, pues a lo que remite el Derecho Natural es a la Ley de Dios. La sociedad es resultado de la naturaleza del hombre, que se agrupa para atender mejor las necesidades de la vida. Y también la comunidad internacional deriva de la sociabilidad natural del hombre, que no se detiene en los límites de cada nación, sino que comprende a la humanidad en su conjunto. Su origen no es contractual, como no tampoco lo es el del Estado.

Lo que une a los hombres, tanto en cada país, como en el mundo, es el *Ius Gentium*. El Derecho de Gentes es el que ha establecido la razón natural del hombre para todos en todas las gentes el mundo. Vitoria abandonó el concepto de "cristiandad" y lo sustituyó por el de "humanidad". Era consciente de la anarquía entre los Estados que había seguido al fin de la *Christianitas* medieval, y de que las nuevas realidades exigían construir un nuevo sistema de relaciones internacionales para poner algo de orden en el mundo.

La realidad presentaba un sistema caracterizado por la coexistencia y multiplicidad de entidades políticas (los Estados) con plena soberanía sobre sus territorios, iguales entre ellas y libres de cualquier autoridad sobre la propia autoridad y organización de los Estados

Soberanos. Desaparecida, pues, la agotada *Respublica Christiana*, Vitoria consideró el *Ius Gentium* como el Derecho Universal de la humanidad, al modo romano. Pero también y, además, lo consideró el derecho de los pueblos, como tales, en sus relaciones recíprocas. De modo que el Derecho de Gentes, en la concepción de Vitoria, forma parte del Derecho Natural. Una concepción ésta que ponía en tela de juicio el derecho de España a la conquista de la recién descubierta América.

En cuanto a la propiedad, Vitoria la conceptuó también como una institución de Derecho Natural, al considerarla como una prolongación de la propia personalidad. Para él, si los bienes se poseyesen en común, sería un desastre para la producción y para la justicia. Se produciría menos y los beneficiarios serían los tramposos, los malvados e incluso los avaros y ladrones. Como mínimo, sacarían más y aportarían menos en el granero común.

Por último, las sociedades precisan de la autoridad para asegurar la vida, los derechos de las personas y el bien común. Al igual que en Vives, la autoridad procede de Dios, que la entrega a la sociedad, al pueblo. Y el pueblo, mediante el consentimiento, lo delega en el soberano. La sociedad instituye al gobernante que, al asumir el gobierno, queda sometido, no sólo a la Ley Divina y al Derecho Natural, sino también al derecho positivo. Lo que sirve para poder definir al tirano, que será el gobernante que no se atenga a esas normas. Vitoria, inmerso en su siglo, consideró que la forma de gobierno preferible era la monarquía y, su preocupación, que el monarca no llegara a convertirse en tirano.

ECONOMÍA

Vitoria fue también el iniciador de los estudios económicos en la Escuela de Salamanca, que tanta fama le dieron, si bien, inicialmente al menos, sólo lo hizo desde un punto de vista moral. La doctrina católica de su tiempo censuraba el ánimo de lucro (codicia) de los mercaderes, por ser pecaminoso. Vitoria introdujo un gran cambio, al establecer que el orden natural se basa en la libertad de circulación de personas, bienes e ideas. De ese modo los hombres se comunican, se conocen y pueden incrementar sus sentimientos de hermandad. Los comerciantes no sólo no son moralmente reprobables, sino que llevan a cabo un servicio importante para el bienestar general.

También estableció la distinción entre precio y valor. El precio de un bien o servicio no depende tanto de sus cualidades reales propias, como de su valor según la necesidad que se tiene y la utilidad que reporta. Necesidad y utilidad que no consideran al sujeto particular, pues el precio se estima sobre la base de necesidad y la utilidad común, no de la necesidad o la utilidad individual. La fijación del precio por la estimación común sucede cuando hay condiciones de perfecta concurrencia en el mercado.

De la obra de Vitoria derivarán teorías económicas que llegaron a ser muy importantes después. Entre otras, una teoría del precio justo basada en la estimación de la escasez del bien e influida por la oferta y la demanda, separándose claramente de la teoría del precio según el coste de producción. Y también preparó el desarrollo de la teoría cuantitativa del dinero, utilizada para explicar la alta inflación del siglo XVI, por el exceso de metales preciosos en la economía española de ese siglo.

OTROS AUTORES DE LA PRIMERA GENERACIÓN DE LA ESCUELA DE SALAMANCA

Además de dominicos y jesuitas, también hubo franciscanos, agustinos y hasta clérigos diocesanos. Los nombres se acumulan y es difícil mencionar a alguno, sin menosprecio para otros. Deben al menos citarse Domingo de Soto (1494-1560), Bartolomé de Medina (1527-1580), Domingo Báñez (1526-1604), a Fray Diego de Zúñiga (1536-1598) y Alfonso de Castro (1495-1558), entre otros muchos.

Mención especial merece Martín de Azpilcueta (1492-1586), sacerdote secular. Profesor de la Universidad de Salamanca, destaca por ser quien formuló por primera vez la teoría cuantitativa del dinero en su *Comentario Resolutorio de Cambios* (1556). Como antes se dijo, fue el defensor del Arzobispo Carranza en su proceso ante la Inquisición.

Y es imposible olvidar al también dominico Fray Bartolomé de las Casas (1484-1566) y su polémica con Juan Ginés de Sepúlveda (1490-1573), a propósito de la conquista de América. Ambos protagonizaron la llamada Controversia de Valladolid (1550-1551), sobre los derechos de los indígenas. Aunque fue el también dominico Domingo de Soto (1494-1560) quien formalmente presentó las tesis, siendo las Casas su ayudante. En la Controversia de Valladolid no se trató sobre si los indígenas de América eran seres humanos con alma o salvajes. Eso se hubiera considerado herético, pues ya estaba resuelto por el Papa Paulo III, en una Bula de 1537, que estableció el criterio Papal de la plena y total humanidad de los indígenas.

Las Casas se hizo famoso por su desafortunada autoría de una obra. Fue la *Brevísima Relación de la Destrucción de las Indias*, publicada en 1553 y pieza fundamental de la Leyenda Negra de España. Se puede comprender que las Casas intentase conmocionar sobre la situación de los indios, pero los datos que da en su obra, salvo los que afirma haber presenciado personalmente, sabemos que son falsos o, al menos, muy exagerados.

En la estela de Vitoria, cuyas tesis compartía, Domingo de Soto y las Casas negaron la validez de los títulos de España para la conquista americana. Los indios debían ser evangelizados sin conquistarlos. Su apelativo de "defensor de los indios" es muy adecuado a su obra y a su persona, pues contrasta su elevada preocupación por los indígenas amerindios, con su escaso aprecio por los negros, por ejemplo.

Sepúlveda defendió el derecho de conquista de España, entre otros fundamentos, por razón de que se facilitase la evangelización. El caso de Sepúlveda es peculiar. Clérigo diocesano, fue uno de los pocos renacentistas españoles que no fue erasmista. Alcanzó notoriedad en 1527 por su intervención en el debate entre Erasmo y Lutero sobre la libertad del hombre. Entre los tratadistas españoles de la época, fue el único que negó radicalmente el derecho de resistencia a la opresión frente a los tiranos.

Las tesis de las Casas y Soto se impusieron en Valladolid, frente a Sepúlveda, y se declaró que los indios, como hombres, tenían derecho a la libertad y la propiedad, así como el derecho a abrazar el cristianismo, que debía serles predicado pacíficamente. Y la citada obra de las Casas, la *Brevísima Relación*, ha continuado desplegando sus pésimos efectos hasta el presente.

3. Francisco Suárez

Francisco Suárez (1548-1617), llamado el Doctor Eximio, vivió los momentos cenitales del poderío español. Años de los reinados de Felipe II (1527-1598), que había incorporado a España la Corona de Portugal (1580), y de Felipe III (1578-1621). Mas también fueron años de una larguísima epidemia de peste, que se agudizó en los años del cambio del siglo XVI al XVII. Una peste que, junto con las guerras europeas y contra los turcos, la emigración a América y la creciente inflación producida por la abundancia de metales preciosos, estaban socavando las bases del poder de España.

Casi coetáneo suyo fue Mateo Alemán (1547-1614), autor de una obra maestra, la novela picaresca *Guzmán de Alfarache* (1559). Aunque algo posterior a la celebrada *El Lazarillo de Tormes* (1554), la novela de Mateo Alemán tuvo un éxito sin precedentes. En breve fue traducida al inglés, al italiano, al latín, al alemán y al francés. Una obra que influyó en Cervantes y en la literatura de toda Europa. El tiempo histórico de Suárez coincidió con el de la culminación del Renacimiento, bajo dominio político español en lo naval, en lo militar, en lo comercial, en el arte y en lo cultural. En todo.

Francisco Suárez, como ha sucedido con Vitoria y otros, debe a los juristas el que su recuerdo y su obra hayan podido seguir vigentes. Sus obras principales estuvieron dedicadas a la Filosofía, no al Derecho. Pero ha sido gracias a su condición de ser uno de los creadores del denominado "Derecho de Gentes" y uno de los autores que han prefigurado el mundo jurídico moderno, a lo que debe el haber mantenido una posición algo relevante en la filosofía. La aureola creada en torno al jurista, ha contribuido así a relegar, en parte, al filósofo. Pero no es empresa fácil, pues sus obras jurídico-políticas derivan directamente de sus postulados, de modo que no es factible entender sus ideas sobre el Derecho Internacional, las leyes, o la paz, sin adentrarse en su filosofía general.

No es posible comprender la filosofía moderna si se prescinde de la principal obra teórica de Suárez, las *Disputationes Metaphisicae*. En referencia a Suárez, Gumersindo Laverde (1835-1890) escribió que Europa es discípula, aunque ingrata, de la filosofía española. Y, además, olvidar a Suárez es casi del orden de lo imposible, pues su obra jurídico-política *De Legibus ac Deo Legislatore*, también ha sido trascendental para la formación del pensamiento jurídico actual.

LA ESCOLÁSTICA RENOVADA

Lo que en Vives (1492-1540) fue comienzo y en Vitoria (1483-1546) desarrollo, en Suárez sería la culminación de la renovación escolástica, que encontró en él su formulador. Su filosofía coincide con la tradición escolástica, es decir, es la filosofía de Santo Tomás, a quien cita y generalmente sigue. Mas Suárez estaba formado en el espíritu renacentista de la generación precedente. Posee un influjo erasmista procedente de la obra de Juan Luis Vives, y de Francisco de Vitoria. Suárez realizó la formulación de lo que se ha denominado la "Segunda Escolástica", es decir, la escolástica post-renacentista. Una escolástica que se había aligerado de las absurdas pretensiones absolutas del deductivismo aristotélico-tomista, y que incorporaba los fundamentos del humanismo cristiano y la moral platónica. De ella surgirían, en el siglo XVII, el racionalismo, tanto el cartesiano como el alemán, y el empirismo británico.

Francisco Suárez partía, además de la escolástica, de las bases ya establecidas por Vives y Vitoria. Bases desde las que era posible la síntesis de las divergencias entre las diferentes posiciones mantenidas en la escolástica medieval. Y en ese empeño, Suárez alcanzó la gloria de ser el primero que, después de largos siglos, volvió a escribir una metafísica sistematizada como obra completa e independiente, y desligada totalmente de la teología, que no era un mero comentario de Aristóteles.

Suárez ha sido calificado por algunos de "ecléctico", por su síntesis de las diversas posiciones escolásticas tópicas: tomismo, escotismo y ockhamismo. Un eclecticismo que, a juicio de sus críticos, desvirtuaría el valor de la obra de Suárez. Suárez, en sus *Disputationes Metaphysicae*, pretendió recoger en toda su amplitud el legado filosófico del pasado, y lo hizo desde una óptica de integración y conciliación. Pero, en realidad, lo que hizo fue algo diferente. Lo que Suárez hizo fue establecer un balance riguroso de las posiciones que se habían formulado como contrapuestas en la tradición escolástica, pero buscando salvar siempre lo que de verdadero y convincente se podía hallar en cada una de ellas, fuesen unas u otras.

En realidad, Suárez hizo con la obra de Santo Tomás lo mismo que éste había hecho con las obras de

Aristóteles. No es que Suárez fuese un pensador ecléctico. Suárez no era hombre que se adhiriese fácilmente a una escuela determinada. Para él no era admisible el denominado "argumento de autoridad", ni tampoco podía ser argumento para él el "magister dixít". En puridad, Suárez siguió en sus líneas generales el sistema de Santo Tomás de Aquino, pero separándose de él en los puntos en que su razón le mostraba otros derroteros. Y lo hizo para completarlo, o para corregir las tesis tomistas con los elementos válidos que encontraba en otros, o para introducir su aporte personal en el sistema tomista, al que llevaría así a su plasmación más coherente y plena.

PENSAMIENTO POLÍTICO DE SUÁREZ

Es posible, como antes se comentó, que el genio de Suárez como teórico jurídico-político haya podido facilitar que el filósofo se viera injustamente postergado en la posteridad. La formulación de la idea de libertad por Suárez, en el debate de la predestinación, y su formulación de la teoría del origen del poder, fueron trascendentales para la definición de la libertad individual y de la soberanía popular, en que se funda la democracia moderna. Y no sólo por su excepcional claridad y precisión, sino por la influencia que ejerció sobre el pensamiento político liberal y democrático, en especial sobre sus primeros y más destacados formuladores, el holandés Spinoza (1632-1677) y el británico Locke (1632-1704).

Al igual que todos los autores españoles después de Vives, y tras las polémicas de Erasmo de Rotterdam y

Ginés Sepúlveda contra Lutero, entre 1524 y 1527, Suárez también sustentó la tesis católica de la libertad individual en la polémica de la predestinación. En la confrontación de Suárez y la Escuela de Salamanca contra la doctrina de la predestinación, al igual que en la polémica de Erasmo frente a Lutero de 1524-1526, se encuentra la afirmación de la libertad como principio básico. Básico y central, en asunto, tan sensible en la época, como lo era el de la salvación del alma. Al afirmar la libertad del hombre en asunto tan trascendental, Suárez y los teólogos jesuitas se alineaban con el espíritu renacentista, al tiempo que aplicaban el análisis racionalista, frente al irracionalismo subyacente a todo determinismo.

De igual modo, los teóricos jesuitas desarrollaron la moderna tesis de la soberanía popular, enfrentándose también en ese punto a la doctrina protestante de la soberanía entregada por Dios al Príncipe. Suárez, católico, jesuita y uno de los más destacados teólogos del Concilio de Trento, sistematizó las ideas sobre el origen del poder propias de la Escuela Española o de Salamanca, teniendo como referencia contraria los errores y excesos de las teorías políticas de los protestantes.

La teoría del origen del poder formulada por los autores españoles de la Escuela de Salamanca (Suárez, Las Casas, Molina y Mariana, principalmente), estableció que el origen divino del poder era un origen remoto. El poder dimana de Dios, pero a través de la comunidad. Porque el gobernante nunca recibía directamente el poder de Dios, sino que lo recibe del Pueblo, que era a quien Dios lo había entregado. De ahí la preocupación de todos ellos por definir con precisión la tiranía. Y también su afirmación del consentimiento de los gobernados como fundamento de la obediencia al gobernante.

La Escuela de Salamanca rechazó que los derechos personales y la soberanía se pudiesen delegar de modo irrevocable. Eso le ha valido ser calificada de republicana y democrática, quizá con algo de exceso. Para Suárez, los ciudadanos nunca pierden su soberanía totalmente, porque es irrenunciable. Pueden delegarla, pero sólo en un contexto legal de respeto del gobernante al Derecho positivo, y de sumisión de sus actos de gobierno a los mandatos de la Ley Natural, inspirada en la Ley de Dios.

Una teoría formulada sobre la base de las tesis de Santo Tomás de Aquino, que se contrapone principalmente a la teoría del poder divino del gobernante, propia de luteranos y anglicanos. Estos proponían que era Dios quien entregaba directamente el poder al Gobernante que, de este modo, asumía, en la perspectiva protestante, el doble papel de Rey y Papa, simultáneamente.

INFLUENCIA DE SUÁREZ EN LOS PRIMEROS TEÓRICOS DEL LIBERALISMO

Frente a los protestantes, Suárez fundamentó el derecho de los ciudadanos a rebelarse si el Estado se transforma en tiranía, es decir, el derecho de resistencia a la opresión, en la forma de *Tiranicidio*, que desarrollaría más tarde Juan de Mariana. Aunque parece que Suárez, al que no se puede calificar de *monarcómaco*, no consideró el tiranicidio como Mariana. Suárez era monárquico y, si bien compartió las tesis tomistas sobre la tiranía, podía pensar en el derecho de resistencia, pero con limitaciones.

También, a diferencia de los protestantes, los autores de la Escuela de Salamanca, como católicos que eran, tenían perfectamente clara la separación existente entre el poder temporal (el Rey de cada país) y el poder espiritual (el Papa de Roma). Una nítida y hasta radical separación de las cabezas del poder temporal y del espiritual, pues alguna vez hasta estuvieron en guerra Reyes y Papas. Y también tenían claro el Evangelio de San Mateo: *dad al César lo que es del César, y a Dios lo que es de Dios.* Para Suárez era sencillamente inadmisible considerar siquiera que Dios pudiese tener participación más o menos directa en los asuntos del Estado, como sostenían los protestantes.

Una gran parte del éxito obtenido por Suárez entre los primeros teóricos de la Democracia Liberal, como Locke y Spinoza, está ahí. Nace justo del hecho de que las teorías políticas del protestantismo reconducían inevitablemente hacia sistemas políticos despóticos y tiránicos. Teocracias que unían en la persona del Príncipe o Gobernante, la doble condición de jefe político y de jefe espiritual. Por ello, Spinoza y Locke, que vivían la realidad de Inglaterra y Holanda, países protestantes, acogieron con verdadero alborozo la teorización del poder de los pensadores católicos españoles. Porque el pensamiento de los maestros jesuitas españoles anticipó, incluso, las ideas de separación de la Iglesia y el Estado y la idea de laicismo. Una separación de lo espiritual y lo temporal, imprescindible para fundamentar la democracia liberal. Una separación que era impensable, en la

149

Inglaterra y la Holanda de los siglos XVII y XVIII. No sólo es que fuera imposible de hacer, sino que simplemente proponerlo hubiese sido considerado alta traición.

SUÁREZ Y EL DERECHO INTERNACIONAL

En el orden jurídico, Suárez siguió las líneas definidas por Vitoria y los dominicos de la primera generación de la Escuela de Salamanca, pero dándole nuevos avances. Es ineludible recordar el paso decisivo dado por Suárez en la elaboración del concepto moderno de Derecho Internacional. En concreto a su división entre Derecho Internacional Público y Derecho Internacional Privado.

Fue esta una de sus aportaciones más trascendentales a la ya más que incipiente teorización del Derecho Internacional. Fue Suárez quien apreció por primera vez que el llamado Derecho de Gentes era en realidad un derecho que tenía un doble contenido, público y privado.

De una parte, estaría el Derecho Internacional Público, que es el Derecho que las gentes, entendidas como los diferentes pueblos y naciones del mundo, observan *inter se*. Se trata de las conexiones, contactos y enlaces que se producen por razón de vecindad (fronteras), u otras, que precisan de un ordenamiento jurídico regulador de las relaciones de los Estados. Es un Derecho Público para los tratos entre sí de los Estados, como tales. De otra parte, estaría era el Derecho Internacional Privado, que es el que las gentes, consideradas como individuos, observan *intra se*. Se trata

150

de la regulación de las relaciones que entablan entre sí los particulares sujetos a soberanías de distintos Estados, como los matrimonios entre nacionales de diversa procedencia, contratos internacionales, etc. En este caso se está ante un tipo de derecho privado reconducible a los criterios y principios reguladores del Derecho Civil clásico.

Por último, también destacó Suárez, y con más claridad que Vitoria, el papel que, junto al Derecho de Gentes Natural desempeñaría el Derecho de Gentes positivo. El Derecho de Gentes Natural está formulado en términos de principios generales del derecho, de más difícil invocación ante un tribunal. El segundo, el Derecho de Gentes positivo, sería el creado por la llamada "costumbre internacional", para regular las relaciones de personas de diferente nacionalidad. Se trata de una auténtica *consuetudo iuris* (costumbre jurídica), al igual que la costumbre jurídica contemplada en el derecho privado, siempre que esté establecida y consolidada como Derecho. Para este último Derecho Internacional consuetudinario reservó Suárez el nombre de *Ius Gentium*.

TRASCENDENCIA DE SUÁREZ

En contraste con el tiempo presente, fue muy elevado el aprecio hacia Suárez de sus contemporáneos, los pensadores de los dos siglos siguientes XVII y XVIII. Leibniz (1646-1716) se graduó en Leipzig, en 1666, con una tesis sobre el principio de individuación, titulada *Dissertatio de Ars Combinatoria*, inspirada totalmente en Suárez. Y autores de los siglos XVII, XVIII y XIX, como

Descartes (1596-1650), Spinoza (1632-1677), Wolff (1679-1754), Vico (1668-1744), Berkeley (1685-1753), Hume (1711-1776) o Schopenhauer (1788-1860), citaron abundantemente las *Disputationes Metaphysicae* de Suárez y se apoyaron en ellas, pues esta obra dejó unas huellas muy profundas en el pensamiento europeo.

Y mucho más aún, las obras de Francisco Suárez, católico y jesuita, fueron utilizadas para la enseñanza de metafísica incluso en las Universidades luteranas de Alemania, desplazando hasta al protestante Melanchton (1497-1560), el amigo de Lutero, porque los reformados no dispusieron nunca de teólogos y filósofos propios de suficiente talla, hasta muy avanzado el siglo XVIII. Es sumamente ilustrativo de la relevancia alcanzada por Suárez el hecho de que, entre 1597 y 1636, las *Disputationes Metaphysicae*, llegaron a la cifra de diecisiete ediciones en toda Europa. Y tanto en la Europa católica, como en la protestante, pues fue editado en Venecia, en Salamanca o París, pero también en Ginebra, Maguncia o Colonia. Hasta el mismo Hugo Grocio (1583-1645), holandés y protestante, le consideró como uno de los más insignes teólogos de la cristiandad y un filósofo verdaderamente profundo.

La teoría del origen del poder y la libertad abordados por Suárez, como a cualquiera se le alcanza, son temas que tienen bastante más actualidad de lo que pudiera parecer a primera vista. Siguen constituyendo el gran asunto del debate político más trascendente del mundo actual. Porque el gran debate político del mundo actual sigue siendo el Debate de la Libertad. No se engañe nadie en esto. En el mundo actual sólo vivimos en regímenes de libertad, en democracias liberales, un exiguo tercio de los casi 7.500 millones de habitantes del planeta. Europeos y americanos, y no todos, australianos y neozelandeses, y la India, Japón y algún otro país menor de Asia (Corea, Taiwan, Filipinas, Thailandia) y quizás alguno de África, son democracias liberales, más o menos imperfectas. El resto, unos dos tercios de la humanidad, más de 5.000 millones, viven bajo despotismos, tiranías, teocracias, dictaduras... No lo olvidemos.

En cuanto a su consideración como jurista, al igual que Vitoria, en el siglo XX se volvió a reconocer de nuevo el alto valor de las aportaciones de Vitoria, Suárez y la escuela clásica española del Derecho Natural. Ellos fueron los verdaderos creadores del Derecho Internacional moderno. Grocio (1583-1645) y Pufendorf (1632-1694) han sido considerados durante mucho tiempo como los "padres" de ese Derecho Internacional. Pero, en realidad, fueron discípulos, aventajados y de mérito, sin duda, de los maestros españoles de los que aprendieron y a los que siguieron.

En 1986, la sala de reuniones del Palacio de las Naciones, sede de las Naciones Unidas en Ginebra (Suiza), recibió el nombre del español Francisco de Vitoria.

4. Juan de Mariana

Juan de Mariana (1536-1624) ganó gran fama en su tiempo por una obra, *De Rege et Regis Institutione* (del Rey y la Institución Real), publicada en 1599, y que fue quemada públicamente en Paris, en 1610, previa condena de su doctrina del tiranicidio. Pero Mariana fue autor de otras muchas obras, de las que deben mencionarse al menos otras dos. Una obra de economía, *De Monetae Mutatione* (1609), sobre la devaluación de la moneda y la inflación, y sus efectos económicos. Y destaca, sobre todo y primeramente, su *Historia de Rebus Hispaniae* (1592), su *Historia General de España*, a la que ya se ha hecho alusión. Una *Historia* la de Mariana que tuvo una gran divulgación y que, salvo quizá en Francia, ha sido muy apreciada como una gran obra histórica, especialmente en Alemania y en el mundo anglosajón. Es su obra más importante, sin duda.

Coincidió con Suárez (1548-1617) en el tiempo y en el pensamiento, aunque Suárez no compartiese el radicalismo de Mariana en la cuestión del "tiranicidio". En lo demás, el pensamiento de Mariana sigue la renovación de la escolástica efectuada por Suárez, prácticamente convertida, desde éste, en lo que algunos han denominado "filosofía perenne". Perenne en el sentido de filosofía del sentido común, que dieron a esta expresión Leibniz (1646-1716) o Balmes (1810-1848), y no tanto en la asignada por Aldous Huxley (1894-1963) en su obra homónima, publicada en 1945. Es decir, que la filosofía general que subyace al pensamiento de Mariana está contenida en la obra de Suárez, y también en la de Vitoria.

PENSAMIENTO POLÍTICO DE JUAN DE MARIANA

Juan de Mariana está considerado el pensador católico más importante de los llamados "monarcómacos". Como ya se ha indicado, los monarcómacos eran monárquicos, pero partidarios de la monarquía limitada y, por tanto, contrarios al absolutismo. Aunque Mariana es mucho más que un "monarcómaco" a secas.

La Edad Moderna se inició bajo el signo del absolutismo. Éste estaba fundado en fuentes diversas, como la visión amoral de la política de Maquiavelo, o en el cesaropapismo de Enrique VIII de Inglaterra (1491-1547). Y en el hipotético "derecho divino", reclamado para sí, por el también británico Jacobo I (1566-1625). Teorías que se fundaban en la "obediencia pasiva" de Calvino (1509-1594), o en la exaltación del poder de los príncipes por Lutero (1483-1546), en el lado protestante; y en la soberanía absoluta de Bodino (1530-1596), en el lado católico. Teorías a las que también se adhirió Hobbes (1588-1679) en su *Leviatán*.

Frente a esa posición, casi todos los autores de la escuela española desarrollaron un magisterio tendente a fijar límites infranqueables a la autoridad del gobernante. Para ello, elaboraron una teoría que ejerció mucha influencia en los precursores del constitucionalismo moderno. Para Mariana, como se ha indicado, el poder se entrega por Dios al pueblo, quien lo delega en la autoridad, que es instituida como tal por razón de ese mismo otorgamiento.

Al igual que para Vitoria o Suárez, el poder, no obstante tener a Dios por causa última, no se entrega al gobernante sin la participación y el consentimiento previos de la comunidad política. El poder del rey y de las instituciones procede de Dios, pero el depositario del poder legítimo es el pueblo organizado en sociedad que, a su vez, lo entrega a los gobernantes mediante el pacto social. Es la *Res-Pública*, cuerpo social políticamente organizado, quien recibe de Dios las potestades generales del gobierno que, sólo en un segundo momento, posterior, se entregarán al rey como poderes de gobierno. Pero esa entrega no puede ser absoluta y mucho menos irrevocable.

La teoría del tiranicidio, de Mariana, sólo se comprende desde los planteamientos generales de la Escuela Española del Derecho Natural, que han llevado a muchos a considerarla la inspiradora del pensamiento político liberal-demócrata, que encontraría su primera formulación, ya genuinamente democrática, en el holandés Spinoza (1632-1677), especialmente en su *Tratado Político*. A juicio de Abellán, bajo esta doctrina se encuentra la concepción del pacto social de Mariana, que se adelantó a Hobbes y a Rousseau en esta materia. Abellán se refiere, justamente, al pacto social concebido como paso del "estado de naturaleza" a la sociedad organizada.

JUAN DE MARIANA Y LA ECONOMÍA

Una de las razones por las que se le ha considerado un precursor del liberalismo democrático, ha sido su denuncia de los abusos de los gobernantes en materia monetaria. Con *De Monetae Mutatione* (1609), Mariana denunció las prácticas económicas de la monarquía española, bajo Felipe III, para aumentar sus recursos, manipulando el valor real de la moneda mediante la inflación de la moneda de vellón. Se trataba de reducir el contenido de metal noble en la aleación de la moneda, en lo que constituye un impuesto encubierto, como bien apuntó Mariana.

Mariana se dio cuenta de que la disminución de la proporción de plata aumentaba el número de monedas en circulación, lo que provocaba subidas de precios. Desde la perspectiva moral que caracterizó los estudios económicos de la Escuela de Salamanca, Mariana realizó un primer análisis completo de la inflación y de sus negativos efectos. Pero hizo más. Defendió la propiedad privada y planteó la exigencia de que el rey contase con el consentimiento del pueblo para la exacción de impuestos. Mariana, que elaboró un estudio de la inflación, de sus efectos y de la necesidad de combatirla, mediante presupuestos equilibrados que limitaran el gasto del Estado, y con una mejor administración. Una teorización que hace a Mariana, al igual que al ya citado Martín de Azpilcueta, y a otros autores de la Escuela de Salamanca, más que los precursores, los primeros autores de la moderna ciencia económica.

5. Baltasar Gracián, el Barroco y el final de la Escuela Española

En el siglo XVII, el Barroco, culminación o decadencia, fue el final del Renacimiento. Constituyó la toma de conciencia general de la quiebra de la tradición cristiana medieval y su ideal de un sentido trascendente de la vida. A diferencia del Renacimiento, el Barroco sí tuvo plena conciencia de la caída del mundo finito medieval, fundado en la realidad infinita de Dios. Surgió ahí la concepción de la vida moderna, de carácter natural e inmanente, bajo el impulso de la revolución antropológica y científica renacentistas. Con el Barroco, el hombre europeo se encontró, de golpe, inserto en el naciente mundo infinito moderno. Un mundo espiritual y mental nuevo que, cerrado sobre sí, expulsó de él toda trascendencia teológica.

Como apuntó Foucault (1926-1984), el Barroco fue sobre todo una actitud ante un mundo que devino inmundo, en la vorágine de las guerras de religión. Significó un paso decisivo en la historia del pensamiento. Un paso que se dio entre las terribles violencias de las luchas religiosas, que llegaron a su máxima expresión en la Guerra de los Treinta Años (1618-1648). La Paz de Westfalia (1648), estabilizó la situación religiosa de Europa. El protestantismo se sintió derrotado, pues había perdido todos los territorios en que hubo contienda, aunque mantuvo sus bases (Inglaterra, Escandinavia, Alemania del Norte). Los católicos recuperaron todos los territorios en disputa. España no se sintió vencedora, sino casi vencida. Y Francia emergió como la nueva gran potencia católica y continental. Europa no volvió a conocer las guerras religiosas.

¿BARROCO?

La voz "Barroco", según Abbagnano, procedería de "baroco", palabra mnemotécnica de los escolásticos para referirse a uno de los modos silogísticos. Se aplicó, a partir del siglo XVIII, para referirse al arte y al espíritu del siglo XVII. En España, que fue junto a Italia el gran país del Renacimiento y del Barroco, constituyó el momento cumbre de las letras y de las artes hispanas. En países como Francia, Inglaterra o Alemania, la voz "barroco" se utilizó casi exclusivamente para referirse al arte.

Los franceses han denominado a ese tiempo la "Época Clásica" de su cultura nacional, que coincide con el denominado siglo de Luis XIV (1638-1715). Pero eluden utilizar la palabra "Barroco" fuera de lo estrictamente artístico. Para Francia es el siglo de Descartes (1596-1650), de Moliere (1622-1673) o del Marqués de la Rochefoucauld (1613-1680). Y en Inglaterra fue la época de Locke (1632-1704), como en Holanda fue el tiempo de Spinoza (1632-1677) y en Alemania el de Leibniz (1646-1716). Todos ellos fueron hombres del Barroco, coetáneos de Calderón de la Barca (1600-1681), de Quevedo (1580-1645) y de Gracián (1601-1658). Según Abellán, el Barroco representó el paso definitivo a la modernidad. Un paso largamente elaborado durante el Renacimiento. Y eso también en España, pese a la salvedad indicada por Abellán de que, en España, el Barroco coincidió con la gran crisis de la Monarquía Hispana (1640), durante la Guerra de los Treinta Años (1618-1648). Fue también el tiempo en que la cultura española dominó totalmente en Europa.

Los autores del Barroco, y desde luego Gracián, se habían educado con los maestros de la Escuela Española, fundamentalmente con las *Disputationes Metaphisicae* de Suárez (1548-1617). Hay un rastro de "erasmismo" en varios de ellos, como Descartes, Spinoza, Leibniz y Locke, recibido de Suárez. Con los autores españoles citados, no sucedió igual. En Cervantes y Quevedo se puede apreciar ese influjo "erasmista", más no sucede igual con Gracián, o con Calderón. Pero, pese a su coincidencia en las bases y en los planteamientos, las trayectorias de todos estos autores fueron muy diversas.

El Barroco fue una época de encrucijada ante varios interrogantes: ¿Mantenerse en un pensamiento de la finitud?, ¿buscar nuevas certezas? Las ambigüedades del Barroco están incrustadas entre el comienzo de la modernidad que conocemos y la posibilidad de alternativas a esa modernidad. Suárez optó por las segundas al inaugurar con sus *Disputationes Metafisicae* una lectura ontológica del ser, que rebasaba la vieja metafísica, a la que integraba, y esbozaba una concepción abierta del mundo.

El Barroco, final del Renacimiento, continuó el humanismo y su preocupación medular por el hombre. Pero expresó, sobre todo, la desazón y miedo de los hombres del siglo XVII, ante la ausencia de fundamentos sólidos y reales que dieran sentido al mundo. Para Maravall, el Barroco, como concepto de época, alcanzó a todas las manifestaciones culturales, pese a haber nacido sólo como un estilo artístico. Pero fue un estilo peculiar, aunque basado en el arte renacentista. Para Hannah Arendt, el Barroco en la filosofía, y especialmente en la filosofía política, significó la muerte efectiva de la vieja mentalidad teocéntrica medieval, y el nacimiento del antropocentrismo propio de la mentalidad moderna. El Renacimiento había anticipado esos cambios y el Barroco los materializó.

BALTASAR GRACIÁN

Si el pensamiento político del Renacimiento alcanzó su primer gran momento a comienzos del siglo XVI, con Maquiavelo (1469-1527), Baltasar Gracián (1601-1658) significó, en el Barroco, el final definitivo del renacentismo político. Ambos tuvieron mucho en común, como la erudición, el neo-paganismo greco-latino y la calidad literaria. También comparten una común admiración por el genuino Gran Príncipe renacentista y modelo de gobernantes, Fernando el Católico de España. Sin embargo, sus respectivos pensamientos son, más que antagónicos o antitéticos, totalmente dispares. Maquiavelo se dirige al Príncipe, le orienta en el conocimiento de los arcanos del poder y del Estado, y le muestra cómo usarlo en su provecho. Por el contrario, Gracián se dirige al súbdito y le orienta para que pueda protegerse del poder y del Estado, y para mostrarle los modos de librarse de sus abusos. Principio y final de un tiempo esencial para el mundo actual, el Renacimiento.

Gracián, jesuita y escritor de gran talento literario, protagonizó el poster momento de esplendor de la gran cultura española del Renacimiento. Ultimo destello fulgurante de la gran tradición cultural española de los siglos anteriores, justo cuando esa tradición cultural se acercaba a su extinción, en la segunda mitad del siglo XVII. Gracián fue el último gran autor clásico del pensamiento político español. Volvió a ganar una gran influencia en todo el mundo.

A la obra de Gracián hay que aproximarse con precaución. Su novela *El Criticón* (1657), una de sus últimas obras, fue la que le dio mayor fama y proyección. Pero no se puede reducir Gracián a su texto de más éxito. *El Criticón* no es su obra más representativa ni la más profunda. Es, sí, la más leída y se sigue leyendo hoy pues, junto a *El Quijote* de Cervantes, *El Buscón* de Quevedo y *El Lazarillo de Tormes*, atribuida a Hurtado de Mendoza (1504-1575), es una de las grandes novelas españolas clásicas. *El Criticón* está llena de hondos pensamientos, pero no es una obra de pensamiento. Para conocer el pensamiento de Gracián hay que abordar sus otras obras, como *El Oráculo*, o como *El Discreto* y como *El Héroe*, sin olvidar su *El Político*, dedicado a Fernando el Católico.

Baltasar Gracián fue un pensador muy singular y original. Fue conceptista, católico y siempre lejos de los extremos. Gracián se situó entre el misticismo arrebatado de los grandes místicos españoles (Santa Teresa, San Juan de la Cruz), y la "picaresca" que triunfaba en la novelística española y, por tanto, en la europea. Si habló de la virtud, lo hizo casi como un filósofo pagano. Su concepción de la virtud, netamente aristotélica, le llevó a aconsejar siempre evitar los extremos. No se ocupó de las controversias teológicas, tan propias de la época, ni de las grandes definiciones filosóficas o políticas.

Su concepto del hombre y de la vida, muy negativo y puramente barroco, fue muy realista: la idea básica para comprenderlo es el desengaño. Todas las cosas se nos presentan bajo una apariencia, habitualmente engañosa, que esconde una realidad oculta a desentrañar. Por eso la vida es padecimiento y error. Pese a que se atribuye a Gracián haber sido un neo-estoico, su preocupación por los nunca pequeños problemas de la vida cotidiana y su aversión a todo exceso, apuntaría a un cierto epicureísmo. En su obra *El Oráculo*, dice que "No hay más dicha ni más desdicha que prudencia e imprudencia" y que "todo lo demasiado es vicioso". Expresiones que, aunque más bien se remiten a la idea aristotélica de virtud, recuerdan el "nada en demasía" de Epicuro. El pensamiento de Gracián es de orden práctico, orientación para la vida cotidiana, sin pretensiones teológicas, filosóficas o políticas, que le producían profunda decepción. En el pensamiento de Gracián, el asunto central no es ganar el cielo, sino sobrevivir del mejor modo posible en un mundo encanallado, intentando evitar desdicha e infortunio. Su finalidad no es espiritual o religiosa, sino profana: de este mundo y para este mundo.

El posible pesimismo de Gracián ha dado mucho que hablar. La consideración en que lo tenía Schopenhauer ayudó a que se le atribuyese un pesimismo que, en caso de existir, debería ser convenientemente matizado. Gracián, si me permiten la humorada, más que un pesimista, es un optimista, pero bien informado. Bien informado, sobre todo, de la naturaleza y de la condición humanas. En este sentido, reflexiones como que "en el mundo se recompensa el vicio y se proscribe la virtud," o sobre cómo "la verdad se transforma en mentira", no son exclusivas de Gracián, pues se encuentran igualmente en Quevedo o Calderón, y responden al espíritu del siglo XVII. Pero no fue un autor de lamentos y duelos, al modo de los grandes pesimistas, como el británico Lord Byron (1788- 1824), o el alemán Schopenhauer (1788-1860). La melancolía y el desengaño son rasgos del pensamiento de Gracián, que le llevan a situarse en el límite inmanente, en el punto medio virtuoso entre nihilismo (*recessus*) y trascendencia (*excesus*).

Abellán sostiene que la obra de Gracián está marcada por la amargura y el pesimismo. Por la amargura, sin duda. Gracián padeció desgarramientos personales y vivió la crisis de la Monarquía Española de 1640, con la subsiguiente derrota de España en la Paz de Westfalia (1648), que puso fin a la Guerra de los Treinta Años (1618-1648). Como toda España, Gracián nunca entendió cómo fue posible la derrota española, en una contienda religiosa en la que los vencidos habían sido los protestantes. La traición de Francia y de Austria a España, en la fase final de aquella guerra, sigue sin ser, ni bien conocida, ni bien comprendida en España. Y produjo grandes decepciones y desengaños en los españoles de entonces. Pero no es exacto calificar de "pesimista" a Gracián.

Sin embargo, acierta Abellán al apuntar que, en la obra de Gracián, late una tentación, una tendencia al nihilismo, que tan importante ha sido en el siglo XX europeo. La aniquilación por el Renacimiento del marco intelectual y moral tradicionales, condujo a la formulación del nihilismo entendido, con Popper, como el desprecio y la disolución de todos los valores humanos. Gracián se salvó de esa tentación, pero no apelando a la fe católica ni al cristianismo. Lo hizo apelando a un concepto de directa inspiración pagano-renacentista de "el hombre que se hace a sí mismo". Una inspiración pagana que recuerda a Maquiavelo, que había propuesto restablecer la religión greco-latina clásica de los Dioses Olímpicos. El Barroco, culminación o decadencia, fue la continuación del Renacimiento y de sus valores.

En la encrucijada de optar entre mantenerse en un pensamiento de la finitud, o bien buscar nuevas certezas, Gracián exploró esta última vía. Pero terminó por replegarse finalmente en una filosofía moral de la vida cotidiana, nacida del desengaño ante el mundo en que le tocó vivir. Su nihilismo brotó del desengaño ante los desastres que habían traído a Europa los grandes ideales y las grandes promesas de Reformadores religiosos, Reyes, Sabios y Papas del Renacimiento. Parte del éxito literario de Gracián está precisamente ahí.

El influjo de Gracián en el pensamiento europeo fue perceptible ya en su tiempo. En el mismo siglo XVII, el francés La Rochefoucauld se inspiró en él para sus famosos aforismos. Y muchos de los escritores y pensadores que se han expresado mediante aforismos, han sido lectores avezados de la obra de Gracián. En el siglo XVIII, Voltaire, gran conocedor de la obra de Gracián, se inspiró (y mucho) en *El Criticón* para componer su novela *Cándido*. Schopenhauer, entusiasta de la obra de Gracián, lo tradujo al alemán, con gran éxito.

Nietzsche conoció la obra de Gracián a través de su maestro Schopenhauer y también se inspiró en el aragonés para la composición de muchos de sus afamados aforismos. La tendencia nihilista que subyace en la obra de Gracián, ha hecho de él un precedente del gran pensador del "nihilismo" del siglo XIX, Nietzsche. Y hasta del existencialismo de Heidegger y de Sartre. Y, también permite que se le haya hecho figurar como precursor de la llamada "filosofía de la posmodernidad", teorizada desde finales del siglo XX por autores como el italiano Vattimo (nacido en 1936).

OTROS AUTORES

Los grandes autores españoles de los siglos XVI y XVII son imposibles siquiera de relacionar, pues son muchos. Se han mencionado sólo los que mayor trascendencia tienen para el propósito de este ensayo. Y se ha dejado de mencionar a la mayor parte de los autores literatos, pintores, escultores, arquitectos, etc., de entonces. Pero, dentro del propósito del ensayo, se hace preciso citar a algunos otros.

En primer lugar, Francisco Sánchez llamado "el Escéptico" (1550-1623), un autor de impronta erasmista. Médico de disputada procedencia (hispano-franco-luso) y coetáneo de Suárez (1648-1617), fue el autor de una obra de título inquietante: *Quod nihil scitur* (Que Nada Sabemos). La filosofía del Renacimiento, que había empezado declarando "la docta ignorancia" por Nicolás de Cusa, se cerraba cien años después con Sánchez el Escéptico proclamándola de nuevo. Descartes (1598-1650) lo tomó como referencia para componer su

Discurso del Método (1637), contraponiendo su certeza del *"cogito, ergo sum"* a la ausencia de certezas del escepticismo. Descartes conoció la filosofía española y su obra es un desarrollo efectuado desde ella. Lo acredita el que tomase como referente, aunque fuese de adverso, el escepticismo de Sánchez.

Y no se puede dejar de mencionar a dos erasmistas y autores políticos, el valenciano Furió Ceriol (1527-1592), y el vallisoletano Alamos de Barrientos (1555-1640). El primero fue un autor político fundamental para comprender la guerra de Flandes, en la que participó y sobre la que escribió. El segundo fue consejero de Felipe II, amigo de Antonio Pérez y colaborador del Conde-Duque de Olivares. Las obras de ambos, además de reflejar las ideas del pensamiento político español estudiadas en los apartados que anteceden, tienen valor literario y el valor adicional de ser un testimonio de personajes que participaron directamente en la política española y europea de los siglos XVI y XVII.

Caso análogo, pero autor con más talento literario, fue Diego Saavedra Fajardo (1584-1648). Diplomático español, a las órdenes del Rey Felipe IV (1605-1665), participó en la consecución de la Paz de Westfalia (1648). Durante 35 años, y durante la Guerra de los Treinta Años (1618-1648), desempeñó misiones diplomáticas en Italia, Alemania y Suiza, entre otras. Excelente literato, está considerado como uno de los máximos exponentes del "antimaquiavelismo" propio del pensamiento Barroco español, a juicio de Abellán. Sus obras, además de su intrínseco valor literario, incorporan también el valor testimonial de uno de los principales protagonistas de la política europea de la primera mitad del siglo XVII.

EL FINAL DE LA ESCUELA ESPAÑOLA

La filosofía de Suárez, la renovación escolástica, conformó la respuesta articulada, desde el saber y el conocimiento, al vacío existencial del siglo XVII. Su filosofía había constituido también una respuesta al nihilismo surgido de la quiebra definitiva de los valores del mundo medieval. Pero, aunque fuese una gran respuesta, no pudo impedir el desarrollo del nihilismo. Un desarrollo que se vio fomentado por y desde las nuevas Iglesias Reformadas protestantes. Porque el protestantismo, no se engañe nadie, no fue tanto un intento (fallido) de recuperar la pureza original del cristianismo, como la plena "secularización" de la religión, que se puso abiertamente al servicio de los príncipes protestantes. Para las iglesias reformadas, como ya se ha indicado, el Príncipe era a la vez, Rey y Papa. Y así sucede todavía hoy en las luteranas Dinamarca, Suecia y Noruega, en la anglicana Inglaterra o en la calvinista Holanda, aunque muy atenuado, claro.

La Escuela Española también se extinguió en ese siglo y Suárez no tendría sucesores. A cambio, derivada de la renovación renacentista de la filosofía tradicional, efectuada por Suárez, fue posible intentar abrir nuevas vías a la Filosofía. Así, durante el siglo XVII, aparecerían el Racionalismo Cartesiano francés, el Racionalismo anticartesiano de Spinoza y el Racionalismo Alemán con Leibniz, que derivaría en idealismo. Y en Inglaterra, con Locke, se consolidó el empirismo iniciado por Bacon.

Nuevas escuelas filosóficas que, a finales del siglo XVIII, también serían cuestionadas por la impugnación de la metafísica efectuada por Kant (1724-1804), en su *Crítica de la Razón Pura*.

La crisis final de la metafísica ha abierto paso, en los dos últimos siglos, a un cada vez más acentuado "nihilismo". Un nihilismo que se fue apoderando de la filosofía, desde Schopenhauer y Nietzsche, hasta llegar al hundimiento del pensamiento efectuado por el existencialismo y la filosofía "post-moderna", ya en el siglo XX. En España, el resultado de la obra de Suárez y del fin de la Escuela Española, condujo también a un profundo y premonitorio nihilismo, moderado por las profundas creencias religiosas. Gracián, no llegó a caer en el nihilismo, pero lo bordeó.

Los autores citados en este capítulo fueron los últimos de esa tradición cultural hispana, iniciada en la Edad Media, que llegó a deslumbrar en el Renacimiento. Una tradición que, casi como le ocurrió, a finales del siglo XVII, a la dinastía (Trastamara-Habsburgo) bajo la que había florecido, pareció que perecía consunta, hechizada y sin dejar aparentemente sucesión.

La decadencia del poder español deparó un hundimiento cultural que se prolongaría hasta entrado el siglo XVIII. Después de la Guerra de Sucesión (1701-1713), con la nueva dinastía francesa, España se recuperó, se restauró y pareció recobrarse tras su caída. Al restaurarse España con Felipe V de Borbón (1683-1746), surgiría en España una nueva cultura y un nuevo pensamiento político. Pero ese renacer cultural del que surgió la Ilustración Española, más bien que retoñar del antiguo tronco arraigado en nuestro suelo, pareció, al menos un tiempo, que procedía de un injerto exótico, diferente al de la tradición cultural española. Esa nueva cultura que brotó en el nuevo siglo, sería la Ilustración Española.

IV.
LA ILUSTRACIÓN EN ESPAÑA

De modo más intenso y con más éxito que en el caso del Renacimiento y el Barroco, la historiografía española tampoco ha apreciado mucho nuestra Ilustración y apenas le ha concedido juicios favorables. Ortega y Gasset (1883-1955) calificó al siglo XVIII de "vacío paréntesis en la historia española". Un juicio demasiado aventurado, como se verá. Abellán, en su *Historia del Pensamiento Español*, ha tratado de establecer un juicio más ecuánime sobre la Ilustración en España.

Esa adversa valoración de nuestra Ilustración se funda, sobre todo, en que fue católica, profundamente católica. Jovellanos (1744-1811), uno de los máximos exponentes de la Ilustración Española, llevaba siempre consigo un ejemplar de la *Imitatio Christi* de Tomas de Kempis (1380-1471), como guía espiritual. Muchos hay, y ha habido, que consideran que esa catolicidad crea una disonancia inasumible entre la Ilustración Española y la de otros países, señaladamente Francia. La Ilustración en Francia, Inglaterra y Alemania, máximos exponentes de la Ilustración, fue anti-católica. En ocasiones muy profunda y virulentamente anti-católica. Con base en esa pretendida contradicción entre Ilustración y catolicismo, usualmente mal planteada y peor entendida, la historiografía ha tendido a minusvalorar nuestra Ilustración. Claro que, igualmente, fueron católicas las Ilustraciones italiana, polaca, austríaca o húngara, que también las hubo.

En una línea contraria a la representada por Ortega, y quizá no tan paradójicamente como pudiera parecer, un autor considerado tradicionalista, como singularmente lo fue Menéndez Pelayo (1856-1912) en *Los Heterodoxos*, ha dado también un juicio adverso sobre la Ilustración. Para Menéndez Pelayo, la Ilustración significó el comienzo de la pérdida de la identidad católica de España. Con la Ilustración se inició, a su juicio, el olvido de nuestra tradición cultural que había llegado a su cima en el siglo XVI y primera mitad del XVII, en el denominado Siglo de Oro.

1. El Siglo de las Luces

Antonio Escohotado ha calificado de "ambigua" a la Ilustración, en el primer capítulo que le dedica en su obra *Los Enemigos del Comercio*. Una caracterización que no anda desencaminada. La Ilustración no consistió en una teoría, una doctrina o un sistema filosófico. La Ilustración, más que un estado de ánimo, que también, fue sobre todo un movimiento espiritual que se extendió por todos los países y entre todas las gentes. El desarrollo de las ciencias y de las primeras tecnologías crearon un interés generalizado para acceder al conocimiento y a los saberes, entre prácticamente todos los grupos de población.

Los ilustrados, aunque entre ellos apenas compartieron casi nada en lo que se refiere a creencias o a fundamentos filosóficos, si compartieron algunos principios, actitudes y valores. Todos, en general, tuvieron mucho interés, a veces casi fervor, por las ciencias. No todos los ilustrados fueron racionalistas, aunque todos ellos consideraron que la razón era un instrumento esencial para alcanzar conocimientos ciertos.

Y fue un siglo de grandes cambios. En el siglo XVIII, las sociedades comerciales europeas, con una tradición mercantil que se remontaba a los siglos XI y XII, iniciaron su transformación en sociedades industriales. El siglo fue un tiempo de optimismo, pues esa transformación abrió el cuerno de la abundancia y el incremento de las riquezas, en un proceso de aumento de la producción y de las rentas que no ha cesado desde entonces. La industria textil, la cerámica, y la metalurgia se desarrollaron por toda Europa. Y la aparición del cultivo de la patata, primero en España y, paulatinamente en el resto de Europa, contribuyó a mejorar la alimentación. Los cambios mejoraron el abastecimiento de bienes y aumentó la población a ritmo creciente.

La población mundial, que ha sido estimada para el año 1700, en torno a 600 millones de habitantes, en 1700, llegó a 1.000 millones en 1800 y ha seguido creciendo hasta los aproximadamente 7.500 millones de habitantes actuales. El incremento de la población fue especialmente fuerte en Europa. Con reservas humanas crecientes, la Europa del siglo XVIII prosiguió la expansión mundial iniciada desde 1492. Y el comercio mundial se intensificó. El siglo incorporó también, entre los europeos, un sentimiento de confianza en sí mismos y de fe en el Progreso, así, con mayúscula. Pero también abrió la Caja de Pandora y sus horrores, valga la metáfora.

DIFERENTES PERSPECTIVAS EN LA ILUSTRACIÓN

Las Luces asumieron en todos los países el lema *sapere aude* (atrévete a saber) kantiano. Pero las diferencias entre las distintas expresiones de la Ilustración, en cada país, fueron muy grandes. El pensamiento político de la Ilustración inglesa y de la norteamericana, pese a sus diferencias, se orientaba hacia la formación de sistemas de gobierno representativos. No podía compartir, y no compartió, el *Despotismo Ilustrado*

178

del "todo para el pueblo, pero sin el pueblo", que propugnaban los *philosophes* franceses. Los ilustrados alemanes, como Goethe (1749-1832), recelaron siempre de los peligros que encierran los disturbios y motines revolucionarios. En Prusia, el Rey Federico II el Grande (1712-1786), adoptó el programa del *Despotismo Ilustrado* en su gobierno. También para Goethe era preferible la injusticia al desorden y al caos.

El siglo XVIII no conoció ningún conflicto internacional por motivos religiosos, si bien los protestantes, en sus países, continuaron persiguiendo a los católicos. Pero la intolerancia religiosa se atemperó, en comparación con el siglo precedente, aunque no desapareció entre los protestantes. El anglicano y "Filósofo de la Tolerancia", Locke, en sus *Cartas sobre la Tolerancia* excluyó la posibilidad de tolerancia con los católicos, por su obediencia al Papa. Y en 1752, cuando a iniciativa de los whigs (liberales) se introdujo el Calendario Gregoriano (católico), la anglicana Inglaterra conoció graves disturbios en muchas ciudades, por "*los 13 días que nos robaron los Papistas*" (la diferencia en fechas del calendario Juliano con el Gregoriano). Sin olvidar las represiones religiosas en Francia, durante el siglo XVIII, de protestantes y hasta de católicos sospechosos de herejía; o las persecuciones contra los católicos en los países protestantes.

La persecución contra los jesuitas, declarados enemigos públicos de todas las iglesias reformadas, continuó a sangre y horca en casi todo el mundo protestante. Sólo en el nuevo país nacido en el siglo XVIII, los Estados Unidos de América, empezaron a cambiar las cosas incluso para los jesuitas. Thomas

Jefferson (1743-1826), Gobernador de Virginia y Segundo Presidente USA, instauró en Virginia un Estatuto de Libertad Religiosa (1786) en el que, por primera vez, en un país protestante, no se discriminaba a los católicos.

En el mundo católico, la persecución contra los protestantes se atenuó hasta casi desaparecer por completo. Sólo continuarían en Francia, tanto las persecuciones por herejía, como los conflictos con los hugonotes (calvinistas). Curiosamente, los *philosophes*, siempre inflamados de santa indignación contra la Inquisición española, callaron también siempre sobre las represiones religiosas en la Francia del siglo XVIII. La Inquisición Española no registró ningún proceso por protestantismo en el siglo XVIII. A finales del siglo, incluso un Ilustrado y afrancesado, como Llorente (1756-1823), llegó a ser Inquisidor en España.

Los protestantes británicos, holandeses, escandinavos y alemanes, tampoco compartían el ateísmo y el anticlericalismo radical de los Ilustrados franceses. Coincidían en su "anti-catolicismo", pero de otro modo y desde otras perspectivas. Para los protestantes, el anti-catolicismo de los *philosophes* franceses se formulaba desde un ateísmo que, paradójicamente, a juicio de los reformados era profunda y excesivamente católico. Como apuntó Hegel con cierta sorna en sus *Lecciones de Filosofía de la Historia*, si se trataba de liberarse del catolicismo, el Gran Libertador habría sido Lutero.

La Ilustración inglesa y la norteamericana orientaron su interés hacia el desarrollo de las ciencias y de la tecnología. En Alemania, también se desarrollaba una actividad científica creciente. Mientras tanto, sin mengua del interés por las ciencias, en Francia brotó una irresistible pasión por la calidad y la agudeza literarias, logrando obras literarias que siguen deleitando al público actual. Un brillante movimiento de excelentes escritores, pero de pensamiento algo débil y de escasa fundamentación. Como dijo Hegel (1770-1831) burlonamente de ese tiempo, *"la filosofía francesa era lo ingenioso mismo"*. En Alemania, el más elevado exponente de la Ilustración fue quizá Kant (1724-1804). Pero Kant criticó por igual al racionalismo francés (y el alemán) y al empirismo británico.

Por esas razones, y para marcar las profundas diferencias que hay entre ellas, se suelen utilizar las palabras autóctonas que designan la Ilustración en cada uno de esos países: *Enlightement* (Inglaterra y Norteamérica), *Aufklärung* (Alemania) y *Lumières* (Francia), por referencia a los tres países que representaron el máximo exponente del movimiento ilustrado. Máximo exponente sólo, pues la Ilustración se extendió por toda Europa y América, sin excepciones, a lo largo del siglo.

LA ILUSTRACIÓN EN FRANCIA

Los brillantes literatos franceses, autodenominados *philosophes*, también llegaron a ser los primeros escritores políticos de Francia. Bajo la justificación de someter todo al inexorable juicio de la razón, desarrollaron durante todo el siglo XVIII una campaña de crítica, sin excepción, de todas las instituciones, leyes y costumbres. Una crítica orientada a la sustitución de las complicadas costumbres antiguas por reglas simples y racionales.

Pero la crítica de los *philosophes* resultó ser una "crítica dogmáticamente acrítica", valga la expresión, plasmada en brillantes textos literarios, tan alejados de la realidad, como rebosantes de autocomplacencia y narcisismo. Voltaire (1694-1778), el más sutil y destacado de los *philosophes*, atribuyó todos los males del mundo a la Iglesia Católica (*"l'Infame"*). En lo político fue partidario del *despotismo ilustrado*. Por eso, únicamente defendió la "libertad literaria" (¿?), mientras recomendaba al Rey de Francia "imitar al gran emperador de la China en autoridad absoluta". Kant, en su Crítica de la Razón Pura, desmanteló también las falsas pretensiones críticas de los *philosphes* franceses.

Con Rousseau (1712-1778), magnífico escritor, la Ilustración Francesa daría un giro radical. Rousseau acusó a la división del trabajo de ser el origen de la corrupción de la sociedad y de los individuos, al alejarlos del Estado de Naturaleza. Precisamente corresponde al Rousseau el "mérito" de haber popularizado el mito del "buen salvaje", hombre de pureza prístina al no estar contaminado por la civilización. Mas, como dijo Voltaire, "cada vez que leo a Rousseau, siento ganas de andar a cuatro patas". Igualmente, el norteamericano Jefferson, que admiraba a Rousseau y era un gran lector de sus obras, nunca comprendió como era posible considerar "bueno" a un salvaje.

Para Rousseau, desde las bases corrompidas de la civilización, las sociedades europeas sólo podrían progresar en desigualdad y en injusticia. No compartió con los *philosophes* el *despotismo ilustrado*. Mas, paradójicamente, su concepto de libertad y democracia es muy poco democrático y muy poco libre. La Política de Rousseau contempló el interés común siempre por encima del privado. Y rechazó la división de poderes, así como planteó la democracia en términos de "religión política simple", de rígida observancia, en la que se persigue y hasta ejecuta a los descreídos. La democracia, para Rousseau, consiste en plegarse a los dictados de la "voluntad general". Una voluntad que no es la de la mayoría, ni la de todos, como bien se esforzó el propio Rousseau en dejar claro. Aunque fuese al coste de dejar en la más absoluta indefinición la *Voluntad General*, tan trascendental en su pensamiento político.

La aparición de un nuevo tipo de comunismo, el comunismo ateo, no resultó difícil en el ambiente de la Francia de los *philosophes*. Y más tras el éxito de las obras de Rousseau. Fueron dos Abades, Morelly (1717-1778) y Mably (1709-1785), quienes coronaron la hazaña intelectual de reformular el viejo comunismo religioso, precristiano y cristiano, para crear el comunismo ateo moderno. Morelly depuró la tradición ebionita con el filtro de las Luces. Su propuesta "ilustrada", fue la vieja receta ebionita: condena de la propiedad y sentar que la sociedad es culpable de todas las desviaciones inmorales respecto del comportamiento "natural", que definía como ideal. Mably, popularizó la denuncia contra la desigualdad y contra la propiedad privada, a las que consideraba la causa de todos los males de la sociedad.

Como al principio se indicó, probablemente la ambigüedad sea la característica más destacable de la Ilustración. En 1776 se publicó *La Riqueza de las Naciones*, de Adam Smith (1723-1790). También fue el año de publicación del panfleto comunista de Mably. La disparidad se aproximaba al disparate. En Inglaterra se componían monumentos a la complejidad económico-social. En Francia, la propuesta era el ideal del retorno a la simplicidad de la vida de las tribus salvajes, con diversas variantes del mito del buen salvaje. Terrible simplismo de los inspiradores del totalitarismo moderno, que también es heredero de la Ilustración.

La teoría liberal se completó, pues, casi al mismo tiempo que la teoría comunista. Pero con una gran diferencia. El comunismo seguiría vagando en el ámbito de las ideas aún más de un siglo, mientras que el liberalismo encontró su primera plasmación concreta con la Revolución Americana, en 1776. Una revolución cuyos principios nadie se planteó que fuesen alternativos al ideario comunista, aún muy exótico, sino que se propusieron frente al absolutismo monárquico. El liberal no era conservador por defender la propiedad privada como institución, pues el liberal apostaba (y apuesta) por la autonomía individual y por la libertad. Relativista por vocación, el liberal contempla la intemperie de la vida sin esperanza en milagros, buscando en sus propias fuerzas conseguir la mayor eficacia posible en el esfuerzo humano.

Burke (1729-1797) y Tocqueville (1805-1859), estimaron que una de las causas principales de la radicalización de la Revolución Francesa, estuvo en la marginación y exclusión políticas de los *philosophes* y el denominado "Tercer Estado", en el siglo XVIII. Una marginación que ayuda a comprender, en toda su profundidad, el dolorido alegato de Sieyès (1748-1836) en su panfleto *Qué es el Tercer Estado* (1789): "¿Qué es el estado llano? Todo. ¿Qué representa actualmente en el orden político?: Nada". Pero eso era lo que sucedía en Francia, porque la situación de los ilustrados y del estado llano, en general, fue otra en casi todos los demás países europeos, de Portugal a Rusia. En casi todas partes, los "ilustrados" eran admirados e imitados.

2. La Ilustración en España

En España, la segunda mitad del siglo XVII había sido de profunda decadencia intelectual. Su resultado fue una escolástica anquilosada en la repetición de fórmulas gastadas, y un apreciable retraso filosófico y científico. No había traducciones de los principales pensadores extranjeros, como Locke, Descartes, Spinoza, Leibniz, etc., aunque algunos podían leerlos en latín. A partir de 1650, se produjo en España una reactivación espiritual e intelectual, que terminaría por aflorar en la Ilustración. Ahora bien, la Ilustración Española, más que otras, se caracterizó por su esfuerzo en compatibilizar la razón y los nuevos sistemas científicos, con la tradición cristiana nacional. Truyol Serra ha distinguido dos periodos principales en la Ilustración Española. Un primer periodo esencialmente crítico, que se extendería hasta 1750, seguido de un segundo periodo, de impulso reformador, en la segunda mitad del siglo XVIII.

Otros autores no hacen mención de ese primer momento de nuestra Ilustración. Para ellos, la Ilustración Española se limitaría casi exclusivamente a las reformas de Carlos III (1716-1788) y al *despotismo ilustrado* impulsado por ese rey. Y, sin duda, Carlos III representó el apogeo de la Ilustración Española, a partir de 1759. Pero no fue dicho monarca, sin menoscabo alguno de su importancia, toda la Ilustración. Sí hay acuerdo general sobre la aparición, hacia 1680, de una incipiente recuperación intelectual y literaria, tras el hundimiento cultural de la segunda mitad del siglo XVII. Una recuperación que se consolidaría en el reinado de Felipe V.

La Ilustración fue trascendental en la configuración intelectual de la España y la América actuales. Por eso está abierto el debate sobre la Ilustración Española. Y por eso sucede que este periodo resulte, si no poco, sí mal comprendido y quizá no siempre bien estudiado. Incomprensiones que dificultan apreciar la existencia de una primera Ilustración, cuyo *annus mirabilis* ha situado Mario Onaindía (1948-2003) en el año 1737. Un año señero en el renacer de las letras españolas. En ese año se publicó la *Poética*, de Ignacio de Luzán (1702-1754), y dos de las principales obras de Gregorio Mayans (1699-1781), *Los Orígenes de la Lengua Castellana* y la *Vida de Miguel de Cervantes*, primera biografía del gran novelista. Y, aunque no se prestase mucha atención a Mayans o a Luzán, y a sus obras, es imposible evitar al Padre Feijoo, figura señera de la filosofía y la ciencia españolas en esa primera Ilustración, además del enlace con el siguiente periodo, protagonizado por el reformismo del reinado de Carlos III.

LAS LUCES Y ESPAÑA

En España, en el siglo XVIII, la mayor parte de los ilustrados, no sólo contaron con el interés y el apoyo de la Corona y de la Corte, que compartían sus planteamientos. En general, los Ilustrados ostentaron cargos muy principales en la Administración Real, en el Gobierno, en los Consejos de Castilla, de Indias, etc. Sin embargo, como ya se ha indicado, eso no ha librado a nuestra Ilustración del juicio adverso de la historiografía española. Ortega y Menéndez Pelayo, pese a su falta de coincidencia general, compartieron la calificación negativa del periodo, aunque desde perspectivas opuestas.

España, como toda Europa, inició en el siglo XVIII el desarrollo de una sociedad industrial. En esa transformación, la Corona desempeñaría un papel impulsor de primer orden. Las Reales Fábricas (hilaturas, cerámicas, acero, etc.) fueron pioneras en el impulso de las nuevas industrias. Las hambrunas generales se mitigaron y hasta casi desparecieron en España, debido a la introducción del cultivo de la patata, desde finales del siglo XVII, y a las mejoras introducidas en la producción agrícola. En algunos países europeos, las hambrunas generales se extenderían hasta bien entrado el siglo XIX.

España, durante el siglo XVIII, conoció un fuerte aumento de su población. Durante esos cien años, de los de 8'5 millones de habitantes calculados para 1700, se pasó a tener una población de 11,3 millones de habitantes, en 1800, en la España peninsular.

Fue el XVIII un siglo de recuperación económica, política y cultural para España. Una España que se puede contemplar con los rasgos optimistas, alegres y apacibles del siglo XVIII, tan magníficamente reflejados en la pintura costumbrista de los Bayeu o de Goya. España pareció poder recobrarse de las caídas y derrotas padecidas en el siglo precedente. Hasta tuvo España todavía la capacidad de realizar un último esfuerzo colonizador en América. Fue con la expedición de Fray Junípero Serra (1713-1784) y José de Gálvez (1720-1787), entre 1769 y 1770, a la Alta California y el

Territorio de Oregón. La ciudad de San Francisco fue fundada por los españoles, el 29 de junio de 1776, cinco días antes de la Declaración de Independencia de los Estados Unidos de América.

APORTACIONES ESPAÑOLAS A LA ILUSTRACIÓN

Una de las grandes polémicas del siglo la provocó la *Encyclopédie Méthodique*, publicada desde 1782. En la entrada de "España", el autor del artículo, Masson de Morvilliers (1740-1789), planteó una pregunta descalificadora de la cultura española: "*¿Qué se debe a España? Desde hace dos, cuatro, diez siglos, ¿Qué ha hecho España por Europa?*". La respuesta era, obviamente, nada. Un juicio que, aunque se refiriese sólo a la ciencia, sería injusto, además de ser muy equivocado.

No es necesario compartir los juicios adversos sobre la Ilustración española, para apreciar la evidencia de que las mejores obras hispanas de este periodo tienden a producir nostalgia. Sobre todo, por contraste con las grandes obras de los siglos XVI y XVII. Pero las obras de Feijoo, y algunos otros, fueron traducidas muy pronto al francés, al inglés, al italiano y al alemán. Aunque no surgió en el pensamiento español figura alguna de la altura, no ya de un Hume (1711-1776) o un Montesquieu (1689-1755), sino ni siquiera de la relevancia de un Voltaire. Pero no debe olvidarse que, en otros ámbitos, como en las Artes, el XVIII español fue el siglo de los Bayeu y su escuela y, sobre todo, el siglo del gran genio de Goya (1746-1828).

En lo referente a la ciencia básica, las contribuciones de nuestros autores, si bien no fueron muy abundantes, sí fueron importantes. Está la medición del Meridiano de Greenwich (o de Barcelona) por Jorge Juan (1713-1773), la obra botánica de Celestino Mutis (1732-1808), o el descubrimiento del wolframio por los hermanos Delhuyar, en 1783, entre otros. A cambio, los españoles fueron excelentes en la utilización de las ciencias, es decir, en ciencias aplicadas y en ingeniería.

La ingeniería española empezó a ganar un prestigio entonces que se ha mantenido y acrecentado hasta la actualidad. Un prestigio acreditado con algunos grandes hitos, de los que han de recordarse al menos tres. El primero, la construcción de una gran Escuadra, que durante todo el siglo fue la única capaz de enfrentarse con posibilidades de victoria a los británicos. El segundo, la arquitectura militar, con fortificaciones de la magnífica factura de las de la Habana o Cartagena de Indias. Y el tercero, ya a principios del XIX, la creación de la primera escuela técnica de ingeniería civil, la Escuela de Ingenieros de Caminos, fundada en 1802 por el científico, ingeniero e inventor español, D. Agustín de Betancourt (1758-1824).

En el campo de la Medicina, figura la famosa Expedición del Doctor Balmis (1753-1819), sufragada por la Corona y realizada entre 1803 y 1806. Fue la primera expedición sanitaria internacional de la historia, que vacunó contra la viruela a toda la población del Imperio Español, pero también a la de colonias francesas, inglesas, holandesas, etc. El inglés Jenner (1749-1823) había inventado esa vacuna de la viruela, pero no se le prestó mucha atención en Inglaterra hasta que se conoció el éxito de la Expedición de Balmis.

Un balance que desmiente el juicio de Masson de Morvilliers, en cuanto al siglo XVIII, y eso sin referirse a otras aportaciones hispanas a la ciencia y la cultura universales.

DESARROLLO DE LA ILUSTRACIÓN (1): PRIMERA ÉPOCA O PERIODO CRÍTICO (1700-1760)

En el año de 1725, Feijoo (1676-1764) comenzaría la publicación de su principal obra, el *Teatro Crítico Universal*, que es una colección de ensayos sobre los más diversos y dispares asuntos. Las obras de Feijoo lograron una difusión insospechada, en España y América, donde constituyeron el auténtico punto de arranque del movimiento ilustrado. También en Europa. Las obras de Feijoo provocaron respuestas, tanto en España como en Europa. Y es que Feijoo, como antes se apuntó, fue uno de los ilustrados españoles cuyas obras se traducirían al francés, al italiano, al inglés y al alemán.

Con Gregorio Mayans (1699-1781), la Ilustración Española ganaría profundidad. Aunque jurista de familia y formación, fue Mayans un auténtico arquetipo de hombre ilustrado. Al igual que Jovellanos, tampoco era un "afrancesado", ni por afinidad ni por simpatías. De familia "austracista", Mayans hubo de marchar a Austria al finalizar la Guerra de Sucesión (1701-1714). Se dio a conocer en los medios intelectuales por su reivindicación de la figura y la obra de Diego Saavedra Fajardo (1584-1648), un clásico español del pensamiento político del siglo XVII. Mayans se interesó en el estudio de los desarrollos científicos de la época, y fue un estudioso del pensamiento de Juan Luis Vives (1493-1540). De hecho,

Mayans, cuando murió, estaba preparando la primera edición de las Obras Completas de Vives.

En la Ilustración Española, Mayans fue uno de los primeros que percibió la relación de continuidad existente entre los autores españoles clásicos y las ideas nuevas del pensamiento del siglo XVIII. Es decir, la continuidad en la Ilustración del impulso cultural iniciado por el Renacimiento. Y no sólo percibió y comprendió esa relación. Mayans orientó la Ilustración española en esa línea de reconocer en el nuevo pensamiento, que parecía venir de fuera, las raíces que tenía en las obras de los autores clásicos españoles del Siglo de Oro. En esa línea, Mayans introdujo el empirismo en España, que él derivaba de la obra de Vives, pues no conocía bien las obras del inglés Locke (1602-1704), ni pudo acceder por edad a las del francés Condillac (1714-1780).

Mayans, como otros ilustrados, tuvo problemas con la Inquisición. Algunos ilustrados, incluso personas muy próximas a la Corona, se vieron implicadas en procesos que les ocasionaron multas y penas de prisión. La Inquisición investigó y procesó al Fiscal del Consejo de Castilla de Felipe V, Macanáz (1670-1760), y a Olavide (1725-1803). Jovellanos (1744-1811) solo fue investigado, ya que era un católico sin tacha. Mayans se vio implicado en las indagaciones de la Inquisición sobre la Academia Valenciana, de la que era miembro, en 1742. El asunto finalmente quedó en nada, aunque llevó a Mayans a un retiro del que fue rescatado por Fernando VI, en 1748.

Bajo el reinado de Fernando VI (1713-1759), entre 1748 y 1759, el movimiento ilustrado dio un importante giro en España, de la mano de los ministros

Ensenada (1702-1781) y Carvajal (1698-1754): los proyectos ilustrados se convirtieron en parte del programa de reformas para la modernización de España promovido por el Gobierno del Rey. La Ilustración se hizo reformadora. Las reformas que impulsó Fernando VI se refirieron a muchas materias. Se reformó la Hacienda Pública y se introdujo el Catastro (1749). Se impulsó el comercio americano y, consustancial a ello, se reorganizó la Marina de Guerra, en lo que constituyó la reconstrucción del poderío naval español, con una Escuadra temible incluso para los británicos.

También se mejoraron las relaciones con la Iglesia (Concordato de 1753), que habían sido muy malas desde la entronización en España de Felipe V, por el apoyo dado por el Papado a los austracistas, en la Guerra de Sucesión. Y en materia cultural, a las Reales Academias creadas por Felipe V, la Española y la de la Historia, Fernando VI añadió la Real Academia de Bellas Artes de San Fernando, creada en 1752. Fue también el momento de instauración en la literatura de los modelos neoclásicos franceses, cuya introducción había promovido Luzán, en su Poética (1737).

DESARROLLO DE ILUSTRACIÓN (2): SEGUNDA ÉPOCA O PERIODO REFORMISTA (1760-1808)

En 1759, al morir Fernando VI, ocupó el Trono de España Carlos III, rey con el que la Ilustración Española alcanzaría un primer momento de apogeo. Inicialmente, el nuevo rey tuvo que vencer muchas resistencias, que desembocaron en el Motín de Esquilache (1766), de cuya instigación se acusó a los jesuitas. Y la línea reformista iniciada por Fernando VI y continuada por Carlos III prosiguió, se mantuvo y profundizó durante el reinado de Carlos IV. De todo ello fue testigo ocular y documentalista gráfico privilegiado Goya, Pintor Real desde el reinado de Carlos III.

Durante este reinado aparecieron las Sociedades de Amigos del País. La primera fue la Bascongada, fundada en 1764, y la Matritense en 1775, esta última creada por el propio rey, Carlos III. Las Sociedades de Amigos del País proliferaron por toda España y realizaron una amplia actuación para potenciar la docencia y la investigación extrauniversitarias. En la Matritense desempeñaría un papel relevante Melchor Gaspar de Jovellanos. Estas sociedades contribuirían al programa reformista impulsado por la Corona, elaborando estudios concretos y de detalle para fundamentar las reformas.

El programa de reformas ilustradas se amplió y profundizó, especialmente entre los años 1765 y 1773, en que ocupó la presidencia del Consejo de Castilla el Conde de Aranda, D. Pedro Abarca de Bolea (1719-1798). Bajo su mandato se expulsó a los Jesuitas de España (1767) y, posteriormente, se consiguió la disolución de la orden por el Papa (1773). La expulsión de los jesuitas sigue siendo un asunto debatido, hoy en día. En 1769 se hizo el primer Censo de Población. El Conde de Aranda impulsó también una intensa política cultural, para la que contó con la inestimable ayuda del criollo Olavide (1725-1803). Entre otras medidas, se impulsó el nuevo teatro trágico neoclásico, pero no se despreció el teatro más popular, del que fue el mayor exponente D. Ramón de la Cruz. Una actitud de integración de la cultura española tradicional y las novedades ilustradas abierta por Mayans, como antes se indicó, por la que seguirían luego casi todos.

Bajo el gobierno de Aranda se organizó la expedición de Fray Junípero Serra y Gálvez a California, entre 1769 y 1770, a que ya se ha hecho referencia. Los sucesores de Aranda, Campomanes y Floridablanca, reorganizaron el gobierno de América con la creación, en 1776, del Virreinato del Río de la Plata, que se unía a los tres creados desde el siglo XVI, Nueva España, Nueva Granada y Perú. En 1783, en la Paz París, se reconoció la independencia de los Estados Unidos de América, y España recuperó la Luisiana y la totalidad de la Florida, así como la Isla de Menorca. Un momento realmente triunfal en que el poderío español parecía haber renacido de nuevo.

El Conde de Aranda volvió a ejercer fugazmente el poder unos meses en 1792, pero ya se había desencadenado la dinámica de las Guerras de la Revolución Francesa, que dominaría la política mundial, en Europa y en América, hasta 1815. Y Jovellanos sería nombrado Ministro de Gracia y Justicia en 1797. Para entonces, Jovellanos había realizado sus estudios sobre la política y la economía españolas.

Manuel Godoy (1767-1851), el favorito de los reyes, protagonizó los últimos años de la España del siglo XVIII y los de comienzos del XIX. En general, mantuvo en su gobierno una línea de continuidad en las medidas reformistas con impronta de *despotismo ilustrado*. La Expedición de Balmis, ya citada, o las primeras medidas desamortizadoras de bienes de la Iglesia, así lo acreditan.

Y promovió la traducción al español de la obra de Adam Smith, en 1796.

Pero bajo Godoy, el *despotismo ilustrado* resultaría ser, al final, realmente despótico. La detención y encarcelamiento de Jovellanos, entre 1801 y 1808, no fue el único acto arbitrario que realizó. Godoy no consiguió nunca ser muy popular. En política internacional, tampoco estuvo a la altura de los personajes de la época. La complicada situación europea, en plena expansión de la Francia napoleónica, sería la que finalmente le llevase a su caída, en 1808, tras el Motín de Aranjuez.

El cambio de siglo fue terrible para España. La primera adversidad se produjo con la desastrosa Guerra de la Convención, contra Francia (1793-1795). Después vinieron las guerras contra Inglaterra a que nos arrastró la no menos desastrosa alianza con Francia, entre 1796 y 1808. Por último, tras las guerras con Inglaterra (1796-1802 y 1804-1808), España afrontó la Guerra contra la Francia de Napoleón (1808-1814). Con la invasión francesa de 1808 y la Guerra de la Independencia (1808-1814), todos los esfuerzos y desarrollos desplegados durante el siglo XVIII, se vieron abruptamente interrumpidos.

LA TRAGEDIA NEOCLÁSICA ESPAÑOLA Y LA FORMACIÓN DEL ESPÍRITU LIBERAL

En los primeros años del reinado de Fernando VI, Agustín de Montiano (1697-1784), el fundador de la Real Academia de la Historia (1737), inauguró un género literario de destino efímero. Fue la llamada Tragedia

Neoclásica española. En 1750 apareció su tragedia Ataulfo, dedicada al primer rey visigodo. Pero el género no llegó a cuajar en España y desapareció a finales del mismo siglo XVIII. Sin embargo, a este género dedicaron importantes textos los más destacados autores del movimiento ilustrado, como Nicolás Fernández Moratín (1737-1780), José Cadalso (1741-1782), Olavide (1725-1803), Jovellanos (1741-1811) y hasta el primer Quintana (1772-1857).

Pocos géneros literarios han conseguido tanto silencio e incomprensión, como la Tragedia Neoclásica Española. Es cierto que nuestra Tragedia Neoclásica copiaba, con menos talento, la tragedia neoclásica francesa iniciada por Racine (1639-1699). Pero no es menos cierto que las tragedias españolas del siglo XVIII, casi todas de temática histórica, plantearon ante el público español los problemas de la libertad y de la tiranía, del gobierno representativo, etc. Estas tragedias difundieron entre el gran público, en especial entre los más afines al pensamiento ilustrado, los valores del pensamiento político de la libertad y del liberalismo.

A ese fenómeno de difusión del ideario liberal se refiere Mario Onaindía (1948-2003). Onaindía considera, igual que Abellán, que la Ilustración Española no tuvo figuras de la talla de los grandes autores españoles del Renacimiento y del Barroco, como Vives, Vitoria, Suárez, Mariana o Gracián. Pero la Ilustración española supuso un gran impulso, y un gran avance y mejora en el nivel promedio de los conocimientos de los españoles, acompañada de la difusión en la sociedad española de los valores de la libertad y de la modernidad.

JOVELLANOS

Gaspar Melchor de Jovellanos (1744-1811), hombre de pluma y de acción, fue el más importante de los ilustrados españoles. Su pensamiento general está expresado con claridad en la frase "Ciencias útiles, principios económicos, espíritu general de ilustración". Es decir, Ilustración y reformas racionales, pues ambas cosas se correspondían la una a la otra. Jovellanos se dedicó al estudio de la situación nacional mediante informes elaborados con datos ciertos y con análisis económicos. La reforma agraria, la reforma de la enseñanza media y superior, la mejora de las comunicaciones para facilitar el comercio y la industria y las artes. Estos fueron algunos de los asuntos en que se ocupó.

En lo estrictamente literario, Jovellanos se ganó un puesto destacado en la literatura, así como en el teatro y en la cinematografía. No lo fue, desde luego, por sus poemas o por otros textos, como sus ya citadas incursiones en la tragedia neoclásica. Y tampoco por su prosa en los informes y memorias que elaboró. Jovellanos fue el creador de un personaje arquetípico, el "delincuente honrado", en su drama homónimo, escrito en 1774. Un arquetipo que ha dado mucho de sí en la literatura, el teatro y el cine hasta nuestros días.

Jovellanos creía en la libertad y en los derechos ciudadanos, y no fue partidario del *despotismo ilustrado*, por mucho que admirase la política reformista patrocinada por Carlos III y al mismo rey, personalmente. Para Jovellanos, el sistema de gobierno preferible era la monarquía limitada, en la que estuviese establecida la separación de poderes. Como casi todos los europeos de su época, siguió con interés los inicios de la Revolución Francesa. Y, como la mayoría, sintió espanto y repulsa ante el *Terror* desatado por Robespierre, durante la Dictadura Jacobina, de 1793 y 1794.

En 1797, fue Ministro de Gracia y Justicia de Carlos IV (1748-1819), en un gabinete dirigido por el afrancesado Mariano Luis de Urquijo (1769-1817). Su posición favorable a la paz con Inglaterra, causó su cese y posterior destierro y encarcelamiento por Godoy, en 1801, en Baleares. Fue liberado en 1808, tras la caída de Godoy. En mayo de ese mismo año renunció a integrarse en el Gobierno de José Bonaparte. El rechazo a la propuesta, que le fue transmitida a través del afrancesado Cabarrús (1752-1810), causó honda conmoción. Fue después de los combates del 2 de mayo de 1808, en Madrid, Y con su gesto, el más destacado ilustrado español, se declaraba a favor del bando patriota y contra los franceses. También otro insigne ilustrado, Floridablanca (1728-1808), se declaró por la resistencia contra los franceses desde el primer momento. Y muchos, como Quintana, les secundaron.

Jovellanos participó muy activamente en la organización del gobierno patriota que se enfrentó a los Bonaparte. Trabajó en la Junta Central, en la conformación de la Regencia y en la convocatoria de las Cortes Extraordinarias de 1810, que elaboraría la Constitución de 1812, la "Pepa".

La respuesta de España a la crisis revolucionaria abierta en Europa desde 1789, fue la Constitución de 1812. Una gran obra original que realmente constituye la culminación de la Ilustración Española. La Constitución de Cádiz, como apuntó Carlos Marx (Escritos sobre España), no era "una copia servil de la Constitución francesa de 1791", sino que se trataba de un "vástago genuino y original de la vida intelectual española, que regeneró las antiguas instituciones nacionales" en la línea más clásica del pensamiento político español.

Un pensamiento que, aunque Marx no lo citara expresamente, no era otro que el contenido en la teoría política de los autores clásicos de la Escuela Española (Vives, Vitoria, Suarez, Mariana). Sí, era ese mismo pensamiento, aunque apareciese reformulado en los términos en que esa misma teoría del gobierno representativo y limitado, había sido acogida por los revolucionarios americanos, como Jefferson 1743-1826) o Paine (1737-1809), o por los revolucionarios franceses del primer momento.

Además, y a diferencia de los precedentes revolucionarios de USA o Francia, la magna obra gaditana pretendió armonizar algo más que unas colonias rebeldes, o que reorganizar una nación en bancarrota, como había sucedido en 1776, en los nacientes Estados Unidos, o en 1789, en la Francia arruinada de Luis XVI. Frente a esos precedentes, la Constitución de 1812 fue una obra de madurez y plenitud modernas, que aspiró a integrar en los nuevos tiempos, desde la libertad, al más vasto imperio hasta entonces conocido, definiendo la Nación española como "la reunión de todos los españoles de ambos hemisferios, (que) es libre e independiente y no es ni puede ser patrimonio de ninguna familia ni persona".

Mario Onaindía, en su citada obra, concluye que ése fue el más trascendental resultado de la Ilustración

Española, la Constitución de Cádiz, como explica el propio Discurso Preliminar de la "Pepa", atribuido a Agustín Argüelles (1776-1844). Un discurso que explica cumplidamente cómo y porqué la obra gaditana fue la expresión ilustrada de la tradición político-jurídica española.

V.
LA CONSTITUCIÓN DE 1812

La Constitución de Cádiz (1812) no fue, propiamente, el primer texto constitucional español de la modernidad. Fue el segundo. El primero, y se suele olvidar, fue la Carta o Estatuto de Bayona, de 1808, constitución otorgada a España por el Rey José I Bonaparte. Fue promulgada por el rey José I, el 6 de julio de 1808, dos meses después de los combates del 2 de mayo en Madrid, y doce días antes del inicio de la Batalla de Bailén. La derrota francesa de Bailén, obligó a los franceses a la evacuación casi completa de España. La Carta de Bayona no fue solo un precedente directo e inmediato de la Constitución de Cádiz. Lo fue, sobre todo, porque los patriotas que combatían la monarquía de José Bonaparte, mientras sostenían la lucha, sintieron el acicate adicional de responder al texto promulgado por José I Bonaparte, con una constitución nacional.

Fue hace algo más de doscientos años.

Los acontecimientos se desarrollaron y, por su propio mérito, España consiguió volver a brillar de modo fulgurante. España había estado asociada con Francia desde 1700. Una alianza que se fue transformando en dominación, desde 1795, tras la derrota española ante la Francia revolucionaria en la Guerra de la Convención (1793-1795). La dominación se hizo efectiva, con los dos Tratados de San Ildefonso, de 1796 y 1800. Con el Tratado de Fontainebleau (1807), que permitía el paso y estacionamiento en España de tropas francesas, la dominación se convirtió en sumisión ante el Emperador Francés, Napoleón Bonaparte.

Y súbitamente, el 2 de mayo de 1808, España se transformó en la enemiga irreconciliable de Bonaparte y en la firme aliada de los muchos o pocos que, en cada rincón de Europa, se enfrentaron con la tiranía de Napoleón. Y cuando el nuevo autócrata de Europa, por la diplomacia o la violencia, pretendió imponer a todo el continente su dominio, tropezó en España. Un país que, a costa de enormes sacrificios, con ayuda portuguesa y británica, terminó por vencerlo. España se le resistió siempre a Bonaparte, frustró sus proyectos, desangró sus fuerzas y terminó por llevarlo a la ruina.

Aún pudo Napoleón, hasta 1814, seguir manteniéndose en el poder por su capacidad militar. Pero, en todo ese tiempo, tuvo que soportar el permanente fracaso de sus ejércitos en España, donde cada victoria le debilitaba y donde terminó por encontrar, finalmente, el camino de la derrota. El mismo Bonaparte, en su prisión de Santa Elena, reconoció años más tarde el error cometido al invadir España. Pero no sólo por la firme oposición popular que encontró y que desbarató sus planes de conquista. Según sus propias palabras, "los españoles, en masa, se comportaron como un hombre de honor" ante la agresión napoleónica.

1.- La crisis española de 1808

Seguramente sin habérselo propuesto, España se convirtió de la noche a la mañana en la defensora de la libertad, más que de sí, de toda Europa. Y es que, si alguna vez en la Historia los españoles justificaron el juicio de Kant sobre nuestro rasgo nacional identificativo más característico, que él situó en la capacidad para lo sublime, fue entonces. La sublevación popular en Madrid, el 2 de mayo de 1808, seguida de la victoria de Bailén, en julio siguiente, resonaron en toda Europa. A comienzos de 1809 se formó junto a España una Coalición de Austria e Inglaterra contra Francia, que sería desbaratada tras las victorias francesas en Wagram y en Ocaña, en el otoño de ese mismo año. Austria capituló, pero la guerra continuó en España. Y seguiría hasta la primera caída de Napoleón, en 1814.

LA REVOLUCIÓN ESPAÑOLA

Aunque el gran asunto de la crisis de 1808 no fue sólo la defensa de la independencia nacional de España, frente a Francia. El gran acontecimiento fue la revolución española, la tercera gran revolución liberal habida en el mundo, tras la norteamericana de 1776 y la francesa de 1789. Una revolución nacida y desarrollada en la lucha por la libertad, tras la agresión francesa de 1808. Una agresión, ante la que España se batió por su propia libertad, contribuyendo con ello a la libertad de toda Europa.

Reflejo de la mentalidad negrolegendaria, hay quienes han mantenido en España el debate sobre las ventajas que pudo haber deparado la invasión francesa de 1808. Casi, como si la agresión napoleónica hubiese sido una "ocasión perdida", para que los españoles ganaran su libertad y se afianzasen en la modernidad. Pese a las más elementales evidencias y a la contundencia de los hechos, se afirma que, en la España de 1808, el bonapartismo vino a significar la libertad y la modernidad, mientras que el bando patriota significó lo contrario. Que quienes esto dicen, suelen ampararse en que esa tesis es la "verdaderamente progresista", como si la historia no debiera ceñirse a los hechos, sino a las ideologías. Lo hizo, en 2008, Mª Teresa Fernández de la Vega, entonces Vicepresidente del Gobierno de Rodríguez Zapatero y, actualmente, en 2021, Presidente del Consejo de Estado.

Respecto del falso "progresismo" subyacente a esa tesis, valdrá la pena recordar que Thomas Paine, el gran pensador de la Revolución Americana y consecuente demócrata republicano, nunca simpatizó con los propósitos autocráticos de Napoleón. Paine siempre receló de él, y acusó a Bonaparte de excesivamente sanguinario y de ser "el más completo charlatán que jamás haya existido". Y también valdrá la pena recordar la presencia en Bayona, apoyando a los Bonaparte, en 1808, de un altísimo número de Grandes de España, de la mayoría de los obispos principales y de los inquisidores, pero tan sólo un reducido grupito de no más de diez ilustrados y reformistas, con Cabarrús a la cabeza; mientras que en el campo patriota, la organización y dirección del mismo estuvo liderada, desde los primeros momentos, por los más destacados protagonistas de la

Ilustración y del reformismo ilustrado del siglo XVIII, con Jovellanos y Floridablanca a la cabeza.

Y tampoco convendría olvidar que, de entre todos los países europeos, la única nación que siempre combatió a la Francia revolucionaria, desde 1792 hasta 1815, desde la Convención al Imperio, fue la Inglaterra parlamentaria. O que la primera gran República democrática de la modernidad, los Estados Unidos de América, nunca quisieron la alianza con la Revolución y tampoco con Bonaparte. Ni tan siquiera en el año de 1812, año terrible para los norteamericanos, que sufrieron el difícil trance de su última guerra contra los británicos en lo que han llamado su "segunda guerra de independencia". Los norteamericanos rechazaron la alianza francesa, pese a las ventajosas ofertas de alianza militar que les dirigió Napoleón para unirlos a su causa.

LA REVOLUCIÓN ESPAÑOLA: UNA REVOLUCIÓN LIBERAL

En su dimensión interna, la crisis española de 1808 fue una revolución genuinamente hispana. Se produjo simultáneamente en todos los territorios del Mundo Hispánico como respuesta defensiva de la sociedad española ante una grave amenaza, cuando las instituciones y poderes establecidos por esa misma sociedad demostraron su incapacidad para defenderla. Constituyó un esfuerzo integral de todos los hombres que, en ambos hemisferios, ostentaban la condición de españoles. Como expresó ante las Cortes de Cádiz el diputado americano José Mejía Lequerica, *"Todos los españoles de ambos hemisferios componemos un solo cuerpo, formando una misma nación; es preciso que, así como somos iguales en los derechos, lo seamos también en las obligaciones, cualquiera que sea el punto de la monarquía que sufra el peligro que motive los sacrificios."*

Entre tanto, pese a las derrotas continuadas que sufrían los españoles y sus aliados, la guerra de España no cesaba. Prusia, Austria y hasta Rusia, terminaron plegándose ante Napoleón y, en 1810, Bonaparte dominó casi completamente en el Continente. Pero Inglaterra no hizo esta vez la paz con Francia. Y España no cedió. La sorpresa y la conmoción que causaron la sublevación y la resistencia de los españoles, impactó de modo similar a todas las cancillerías, y la impresión no resultó menor en París que en Londres, Viena, Berlín, Estocolmo, Moscú...

¿Era posible enfrentarse a Francia en nombre de la libertad y en nombre del derecho de cada nación a regirse y gobernarse según sus propios deseos?, ¿es que era posible combatir a los hijos de la Revolución Francesa en nombre de los mismos principios que proclamaban, aunque ya hacía muchos años que los habían abandonado? Porque eso, y no otra cosa, era lo que estaba proclamando ante el mundo la resistencia española. Y fue eso, unido al hecho de la incapacidad francesa para acabar la guerra de España, lo que finalmente abrió el camino para la derrota francesa en 1814.

Las repercusiones del proceso revolucionario, ciertas y tangibles en su inicio, terminaron siendo inimaginables en cuanto a sus posterior desarrollo y conclusión. Una revolución en la España de entonces era algo de mucha más envergadura que la rebelión de las 13 colonias inglesas de Norteamérica, en 1776, pese a su innegable trascendencia. Y mucho más que una revolución en la Francia arruinada de 1789, pese a la importancia cultural que se le ha dado a ésta última. Porque una revolución en la España de 1808, no se engañe nadie, significaba una gran convulsión en casi medio mundo. Al final de todo ello, 17 años después, y una vez finalizada la revolución con su fracaso, la España que habían conocido los hombres de antes de 1808, con sus territorios europeos y sus dominios americanos e islas, terminó por hacerse imposible no ya sólo de ser o de reconocer, sino ni tan siquiera de imaginar. Así terminó todo en 1825.

En medio de toda esa gran crisis general, la Constitución Española de 1812, fruto teórico-político de la ilustración y de la revolución, aspiró a dar la configuración institucional adecuada al mundo hispano. Y no lo hizo peor que los que se habían anticipado en esos mismos propósitos con anterioridad. Quizá hasta lo abordaron incluso mejor de lo que lo hicieron los autores de la declaración de Independencia y de la fugaz constitución norteamericana de 1776. Y, desde luego, resultó ser bastante mejor, en sus concreciones, que lo logrado por los creadores de los tan numerosos, como efímeros, textos constitucionales franceses de los años 1791, 1793, 1795, 1799, 1802 y 1804 para, respectivamente, la Monarquía Constitucional, la República, el Directorio, los dos Consulados y el Imperio.

Como todas las antes citadas, la constitución española de 1812 tampoco perduró, pero sí que sirvió para alcanzar la victoria en 1814, como sirvió para estabilizar la situación en la América hispana en ese mismo año, así como para lograr el más amplio reconocimiento internacional durante los años de la guerra.

2. Época y protagonistas de la Revolución española

Cuando se revisan los acontecimientos a que se vio sometido el mundo hispánico, entre 1808 y 1824, es fácil ceder a la tentación de caer en la melancolía. Se trata, sin duda, de una historia que terminó en frustración. Los prometedores progresos científicos, literarios y artísticos, y los avances económicos y sociales, logrados durante el siglo XVIII, se verían malogrados, bruscamente, por una destructiva sucesión de guerras y desastres. En Europa y en América. Y la costosa victoria militar sobre el más grande genio bélico de la historia conocido hasta entonces, y sobre el mejor ejército del mundo de la época, no terminó en la gloria del triunfo, sino en el desastre del derrumbamiento de la España de dimensiones planetarias, existente hasta 1808.

La España optimista y apacible del siglo XVIII, tan bien reflejada en las pinturas costumbristas de los Bayeu o de Goya, que pareció recobrarse de las caídas y derrotas sufridas en el siglo XVII, se empezó a alterar en los años finales de esa centuria, a causa de las guerras del cambio de siglo. Primero, la desastrosa Guerra de la Convención, con Francia (1793-1795). Luego, las guerras a que nos arrastró la no menos desastrosa alianza con Francia, entre 1796 y 1808. Y, más adelante, tras la tormenta de las guerras con Inglaterra (1796-1802 y 1804-1808), se precipitó sobre España la enorme tempestad de la guerra contra Francia (1808-1814).

Este último embate fue definitivo. Provocó el derrumbamiento total de la estructura estatal tradicional de la monarquía hispánica en ambos continentes. Y después, tras el destructivo temporal sufrido, y siendo ya imposible hacerlo desde las viejas instituciones de la antigua monarquía, la construcción de los nuevos estados hispanos resultantes de la quiebra final resultó sumamente lenta y trabajosa. En ocasiones se podría pensar incluso que es una tarea inacabada al día de hoy. Las Cortes Generales y Extraordinarias de 1810 habían acometido la gigantesca tarea de sustituir el edificio institucional derruido, creando uno nuevo que estuviese dotado de un marco legal que lo articulase eficientemente: la Constitución. Pero al final, hasta el mismo solar en que se pretendía levantar el nuevo edifico, también se fragmentó de modo irreversible en múltiples pedazos.

LA GRAN CRISIS MUNDIAL DE LAS GUERRAS NAPOLEÓNICAS

El cambio de siglos, entre el XVIII y el XIX, fue un tiempo de grandes conflictos internacionales. El Antiguo Régimen, que se descomponía definitivamente en todas partes, acabó por hundirse de modo irreversible. Y, en ese entorno de grandes transformaciones, las rivalidades imperialistas entre las potencias alcanzaron una virulencia desconocida hasta ese tiempo.

Francia, entonces, fue más expansionista que revolucionaria, pese al uso y abuso que hizo de su revolución, para enmascarar sus propósitos imperiales. Desde tan pronto como el año 1792, Francia se lanzó a la guerra contra todos, en un último intento de lograr una supremacía que le habían escamoteado Inglaterra y

España, en América y en el mar, y Austria y Prusia, en Europa, durante todo el siglo XVIII. Rusia reforzó sus aspiraciones a expandirse por América, afirmarse en Europa y acceder al Mediterráneo. Y Prusia y Austria pugnaban entre sí por alcanzar la hegemonía en Alemania, y luchaban con las demás potencias europeas para conseguir la supremacía en el continente. Inglaterra se batió por sostener y acrecentar su reciente segundo imperio. Y los nacientes Estados Unidos buscaban un espacio de expansión para consolidar su recién ganada independencia.

En medio de aquel torbellino de aspiraciones expansionistas en conflicto, España se vio sometida al papel de víctima de todas las ambiciones. Y España se tuvo que batir en un último y desesperado intento para mantenerse y sobrevivir a la tormenta desatada sobre ella por las pretensiones imperialistas de todos los demás.

LA GENERACIÓN DE LOS CONSTITUYENTES GADITANOS

Los españoles que protagonizaron los hechos del cambio de centuria compartían una misma tradición de pensamiento, forjada entre el Renacimiento y la Ilustración, aunque pertenecieran a diferentes generaciones. Entre ellos estuvieron algunos de los más destacados reformadores de la España Ilustrada del siglo XVIII, como los veteranos ministros Floridablanca y Jovellanos, que se mantuvieron en primera línea de la política nacional hasta su muerte, sucedida durante el conflicto.

También estuvo presente la generación más propiamente revolucionaria que encaró la crisis de 1808, con los Quintana, Argüelles, Blanco-White, Alcalá Galiano, Muñoz Torrero, Martínez de la Rosa, el Duque de Rivas o el Conde de Toreno. Y americanos, como el citado Mejía Lequerica y otros. Una generación ésta que descollaría después en la literatura, la historiografía, o la política del siglo XIX. Por encima de todos ellos, en lo que se refiere al ejercicio del poder, estuvo la figura del rey Fernando VII, un hombre poco dotado y de cualidades muy deficientes para afrontar las enormes dificultades de aquella crisis.

Al revisar esos mismos hechos desde la historia de las potencias más directamente concernidas, o desde la perspectiva general de la Historia Universal de aquel periodo, se percibe mejor el papel transcendental desempeñado por España entonces. Y ello, tanto en el intensísimo momento histórico de las guerras napoleónicas, como en sus prolegómenos durante las guerras de la revolución francesa, y en su epílogo del Congreso de Viena (1814-1815) y de la Europa dominada por la Santa Alianza. España, potencia aún importante en 1789, pasó a ocupar un lugar principal en el escenario mundial en la época de las Guerras Napoleónicas, viéndose situada en la posición central de todas las estrategias internacionales, sobre todo a partir de 1808.

Desde finales del siglo XVIII y hasta alcanzado casi el primer cuarto del siglo XIX, británicos, franceses, rusos, prusianos, austriacos, y hasta los norteamericanos, todos siguieron con la máxima atención los acontecimientos de España. Todos los gobiernos de

Europa y América dedicaron muchas horas al tema español y enviaron a Madrid o a Cádiz, al menos en algún momento, a sus más experimentados y mejores diplomáticos, pues el desmoronamiento más que previsible de la vieja España y de su Imperio les hacía abrigar esperanzas de obtener grandes ventajas territoriales y estratégicas.

Los personajes de la política internacional que protagonizaron los principales acontecimientos de esa época figuran, por derecho propio, en los puestos de honor de la historia nacional de cada uno de sus países, y en los principales de la historia moderna. El británico Pitt "el joven", y sus más aventajados discípulos, como Castlereagh, Canning y Palmerston; o los norteamericanos Whashington, Jefferson, Madison, J. Q. Adams y Monroe; o los franceses Bonaparte, Talleyrand y, más tarde, también Chateaubriand; o los austriacos Francisco I y Metternich; o el zar ruso Alejandro I. Esos fueron los personajes extranjeros con los que tuvieron que tratar y contender los españoles que protagonizaron la revolución liberal.

3. La Constitución de 1812

La "Constitución Política de la Monarquía Española", de 1812, es el texto más importante del constitucionalismo español. Quizá, sea también uno de los textos más destacados del constitucionalismo moderno, en general. A lo largo de los años, su estudio ha atraído a juristas, políticos, historiadores, etc., españoles y extranjeros, lo que ha producido en el transcurso del tiempo una auténtica catarata de obras al respecto. Una bibliografía muy superior en cantidad a los estudios habidos sobre otras constituciones liberales que le precedieron, como la norteamericana de 1776, o como las francesas que se sucedieron entre 1791 y 1804.

Enjuiciar la obra constitucional de Cádiz parece que sigue siendo al día de hoy una difícil tarea. Los hombres que dirigieron el proceso, pese a sus divergencias, compartían criterios, anhelos e inquietudes. Trataron de reconducir una crisis colosal, salvando lo mejor de su pasado, a la par que construían unas nuevas instituciones, libres y desembarazadas de lo peor de ese mismo pasado común. A diferencia de los precedentes revolucionarios de USA o Francia, la magna obra gaditana pretendió armonizar algo más que unas colonias rebeldes, o que reorganizar una nación en bancarrota, como había sucedido en 1776, en los nacientes Estados Unidos, o en 1789, en la Francia arruinada de Luis XVI.

Frente a esos precedentes, la Constitución de 1812 fue una obra de madurez y plenitud modernas, que aspiró a integrar en los nuevos tiempos, desde la libertad, al más vasto imperio hasta entonces conocido, definiendo la Nación española como "la reunión de todos los españoles de ambos hemisferios, (que) es libre e independiente y no es ni puede ser patrimonio de ninguna familia ni persona".

LA APELACIÓN AL PUEBLO Y LA NECESIDAD DE UNAS CORTES EXTRAORDINARIAS

Los éxitos iniciales de la sublevación, iniciada el 2 de mayo de 1808, fueron coronados el 19 de julio en Bailén. Tras ello, las diferentes Juntas de Insurrección, surgidas por doquier, comenzaron a coordinarse en un proceso que culminaría en formación de la Junta Suprema Central, en septiembre de ese mismo año. Una vez formado el órgano rector de la sublevación, la convocatoria de las Cortes era ineludible para cualquiera, fuera la que fuere su particular tendencia o posición política.

La convocatoria era ineludible, y no sólo por razón de la urgencia de legitimar la espontánea acción insurreccional emprendida en todas partes, aunque también. Tampoco era inevitable por la sola razón de que, en ausencia de toda la familia real, retenida en Francia, se hacía ineludible apelar a la única fuente de autoridad a la que era posible acudir, es decir, al pueblo. La idea de convocar Cortes Generales fue postulada desde los primeros momentos de existencia de la Junta Suprema Central, y más concretamente, desde su reunión de 7 de octubre de 1808. Y si esa idea consiguió abrirse paso con tanta facilidad fue por muy poderosas razones.

En primer lugar, estaba el problema de la legitimidad del régimen bonapartista en España, aparentemente inobjetable desde un punto de vista estrictamente jurídico, para cuya desautorización sólo cabía apelar al consentimiento del pueblo, de la nación constituida en Cortes. También estaba el Decreto de Fernando VII, de 5 de mayo de 1808, antes de su renuncia a la corona, en el que ordenaba que, en su ausencia, se formase una Regencia emanada de las Cortes.

Y había, sobre todo, una base intelectual común entre los españoles de la época, en lo que se refiere a las concepciones del poder y la política, que tenían aún la influencia de las doctrinas de los pensadores hispanos del Siglo de Oro. Unos pensadores cuyas obras seguían siendo estudiadas en las universidades de España y en las de todo el mundo. Una influencia que, en ese mismo tiempo, se había visto acrecentada por la apelación a sus teorías por los dos movimientos revolucionarios habidos en el siglo XVIII, en Francia y América.

EL PENSAMIENTO POLÍTICO EN LA CORTES DE CÁDIZ

Los rebeldes norteamericanos, en su revolución de 1776, habían invocado expresamente la doctrina de la soberanía popular del Padre Las Casas. Y los revolucionarios franceses, en memoria de Juan de Mariana, teórico clásico del tiranicidio, instituyeron como efigie de la revolución a la célebre "Marianne", en

1789. La obra de los autores españoles de nuestra época clásica, y entre ellos la de los dos mencionados y Suárez, establecieron una teoría del poder que fue muy apreciada por los revolucionarios ilustrados siglo XVIII.

La Edad Moderna se inició bajo el absolutismo. Un absolutismo fundamentado en las teorías autoritarias del Renacimiento, generalmente protestantes. En la base, la visión amoral de Maquiavelo. Una base en la que se apoyaría el cesaro-papismo de Enrique VIII, y el "derecho divino" de los reyes de Jacobo I. Como también lo hicieron la obediencia pasiva de Calvino, la exaltación del poder de los príncipes de Lutero, la soberanía absoluta de Bodín, o el Leviatán de Hobbes. Frente a ellos, como ya se ha dicho, los teólogos, filósofos y juristas de la escuela española desarrollaron un sólido magisterio tendente a fijar límites infranqueables a la autoridad temporal, con ideas que ejercerían influjo, directo o indirecto, en los grandes precursores del constitucionalismo.

Como hemos visto, para Vitoria, Suárez, las Casas o Juan de Mariana, el poder tiene a Dios por causa última, como autor del orden creado y supremo legislador. Pero el poder no lo da Dios al gobernante, sin la participación y el consentimiento previos, de la comunidad a la que ha de gobernar. De modo que el poder del rey y de las instituciones procede, pero sólo en ese modo mediato, no directa e inmediatamente de Dios. El receptor directo y depositario del poder legítimo que Dios otorga es el pueblo, organizado en sociedad que, a su vez, lo entrega a los gobernantes mediante un acto, el pacto social, constitutivo de los poderes políticos. La Res-Pública, es decir, la sociedad en tanto que cuerpo social políticamente organizado, es la que recibe directamente de Dios las potestades generales para su gobierno que, sólo en un momento posterior, se entregan como poderes de gobierno al gobernante.

Francisco de Vitoria en Salamanca, en los años centrales del siglo XVI enseñaba que *"por constitución, pues, de Dios tiene la República este poder. La causa material en la que dicho poder reside es por derecho natural y divino la misma República, a la que compete gobernarse a sí misma, administrar y dirigir al bien común todos sus poderes"*. El poder, como se ha indicado, se entrega por Dios al pueblo quien lo delega en la autoridad instituida como tal, por razón de ese mismo otorgamiento.

Mas, el acto de entrega del poder al gobernante, no es irrevocable. En ciertas circunstancias, es susceptible de ser revocado. Y la revocabilidad se puede producir, justamente, en caso de tiranía, como teorizó con detalle Juan de Mariana, pero también, desde luego, en el caso de ausencia del gobernante. Una tesis que permitía no reconocer a José I como rey, por razón de ser un tirano, por usurpador. Nunca se ha subrayado bastante la importancia que tuvieron entre los patriotas de 1808 esas teorías, tan arraigadas en España, cuando se produjo la improbable, pero posible, ausencia del Rey legítimo, tras la marcha a Francia de la familia real, en mayo de 1808.

Esta comprensión del poder legítimo como poder limitado quedaba muy alejada de los planteamientos fijados en las teorías para de la Monarquía Absoluta, especialmente en sus versiones protestantes. Y fue la base y la orientación que tomaron todos los desarrollos posteriores de inspiración liberal. El pensamiento de los autores españoles del Siglo de Oro influyó en las obras de Locke y Montesquieu. Y también en los propulsores de la emancipación americana, en la redacción de las cartas sancionadas por las colonias independizadas de la Corona Británica, en los autores de la Constitución de Filadelfia de 1787 y de sus enmiendas. Y también en los movimientos que estallarían con posterioridad en América Hispana, todos ellos coincidentes en su vocación emancipadora y en su adhesión al constitucionalismo.

El caso español de 1808 se adaptaba perfectamente al citado supuesto de revocabilidad y no podía ofrecer dudas este respecto. Con la totalidad de los integrantes de la familia real legítima apresados en Francia, los que se negaron a aceptar la nueva monarquía de José Bonaparte, una tiranía, invocaron también esas teorías que les eran tan entrañables como bien conocidas. Y eso, cualesquiera que fuesen sus demás posiciones ideológicas, más tradicionalistas o más liberales. Todos fundamentaron en esas teorías la apelación al pueblo, que no otra cosa eran la rebelión y la convocatoria de Cortes Extraordinarias, para 1810. Igualmente, los constituyentes de 1812 encontraron en esa teorización, tan ampliamente compartida, la base teórica para atender el establecimiento de la nueva Constitución, a la que dieron con eso una sólida legitimación.

De ese modo, los constituyentes de 1812, aunaban en sus bases doctrinales la tradición española más acendrada, la de la Escuela de Salamanca, con el liberalismo progresista. Así hicieron también los norteamericanos, en 1776, en su declaración de independencia y en su primera Constitución. Como los franceses en su Declaración de Derechos del Hombre y el Ciudadano, de 1789, y en su primera Constitución, de 1791. Pero esos precedentes constitucionales, tan efímeros, no podían ser de gran utilidad para la colosal tarea emprendida por los constituyentes gaditanos. Porque los constituyentes de 1812 pretendieron, ni más ni menos, que la completa reorganización del gran imperio hispano desde bases liberales. La tarea de los españoles requería de otros parámetros.

EN AMBOS HEMISFERIOS

Una de las notas características de esa tarea, poco destacada al tratar la Constitución de 1812, es la de las gigantescas dimensiones de la Nación en la que tendría que regir. El territorio nacional definido en la Constitución era colosal, prácticamente, más de la mitad del mundo conocido. En ese territorio, se integraba un amplísimo mosaico de pueblos, razas, sistemas económicos, climas y latitudes que se mantenían unidos desde el siglo XVI. Unidos por la obra civilizatoria desplegada por los españoles en tan dispersos como enormes dominios. Una obra de la que han quedado huellas indelebles en todas las regiones que alguna vez formaron parte del mundo hispánico, bajo los múltiples modos de la arquitectura y las artes, de la lengua, de la religión, de las costumbres, de la toponimia y, en general, de las formas culturales de impronta hispana.

El mundo hispánico estaba muy integrado, como lo acreditó la capacidad de resistencia a las agresiones externas que demostró poseer desde que, a mediados del siglo XVII, España perdió la supremacía internacional.

Aunque limitada su capacidad para el ataque, el Imperio Español demostró poseer una gran fortaleza defensiva, como lo prueba su capacidad para soportar, con éxito, los múltiples ataques externos y combinados que le lanzaron todas las potencias europeas, durante los ciento cincuenta años que van, desde la derrota de 1648, hasta la crisis de 1808.

LA DOBLE POSICIÓN BRITÁNICA EN LA GUERRA CONTRA FRANCIA

Entre 1806 y 1808, Inglaterra, en guerra con España desde finales de 1804, había realizado sus últimos intentos de conquista de la América española, con sus fallidos ataques a Buenos Aires de 1806 y 1807, y a Montevideo en ese último año. También, en esos mismos años, los británicos habían hecho un primer ensayo de cambio de estrategia, armando la expedición de Francisco Miranda contra Venezuela, de 1806, que resultó fallida. Fue ésta la primera ocasión en la que los ingleses apoyaron un movimiento por la independencia en la América hispana, con lo que se apuntaba al abandono de la política de conquista de las posesiones españolas, seguida hasta entonces, probablemente por razón de su dificultad.

El viejo sueño inglés de asentarse en la América Hispana variaba en sus métodos. Vistas las dificultades para la conquista directa de territorios que no fuesen pequeñas islas o zonas deshabitadas, Inglaterra pasó a considerar las posibilidades de fomentar y apoyar rebeliones que surgieran en las colonias españolas de América. Y en este nuevo planteamiento, de la independencia de la América Española, Inglaterra encontró a muchos criollos dispuestos a la aventura. También participaban en esa estrategia, tanto Francia, como el gobierno de la naciente República norteamericana, por razón de la debilidad de ambas para intentar empresas mayores, al menos por el momento.

Los nuevos designios de esa estrategia, en el caso de los británicos, tenían mucha lógica. También tenían un cierto aire de revancha, por el apoyo que prestó España a las Colonias inglesas de Norteamérica, algo más de treinta años antes, entre 1776 y 1783. También respondía a la poca confianza mutua que se profesaban ingleses y españoles. España había sido aliada incondicional de Francia durante más de cien años (1700-1808), salvo en el breve paréntesis de la Guerra de la Convención, entre 1793 y 1795. Y las amistosas relaciones de Londres con los sublevados españoles, a partir de mayo de 1808, nunca fueron muy fluidas.

LAS AMBICIONES IMPERIALISTAS SOBRE ESPAÑA

Pero, como ya se ha dicho, no era Inglaterra la única potencia que tenía aspiraciones sobre los territorios españoles de América. Francia y los nacientes Estados Unidos de América también compartían esos afanes expansivos sobre la América hispana. En realidad, la cuestión americana fue crucial en la política internacional de todo el siglo XVIII y comienzos del XIX. Francia siempre deseó acceder al comercio americano y uno de los motivos principales, si no el más importante para agresión napoleónica a España de 1808, fue la ambición de dominar en América a través de su conquista de España.

La actividad de los agentes franceses, que tanto denunció Blanco-White desde las páginas de su diario, "El Español", fue fundamental para la insurrección venezolana de 1810, aunque con escaso provecho para Francia. Y Estados Unidos, además de apoyar los movimientos insurgentes criollos contra España, también aprovechó la debilidad española, entre 1808 y 1814, para arrebatar la Florida Occidental (actuales sur de Alabama y Misisipi), en 1811, y ocupar Pensacola (Florida Oriental) al año siguiente, con la excusa de combatir a los ingleses, durante la guerra de 1812.

Algo había comenzado a cambiar en toda América tras la independencia de los Estados Unidos (1776). La crisis de 1808 se sintió en las posesiones españolas, donde empezaron a actuar incipientes movimientos por la emancipación. Independentistas de la América española que emulaban el ejemplo de los norteamericanos y que se vieron asistidos y organizados por agentes extranjeros, británicos, franceses y norteamericanos, aprovechando las ventajas de todo tipo que ofrecía el caos institucional generado por el movimiento general desatado contra la usurpación francesa sobre España.

De modo que los "aliados" británicos de España desarrollaron, entre 1808 y 1814, una acción política orientada en una doble dirección. En Europa, como aliados, apoyaron resueltamente la resistencia española y la lucha conjunta contra Bonaparte. Pero en la América española realizaron una política diferente. Desde que surgieron los primeros movimientos independentistas, los británicos expresaron su simpatía por los rebeldes de Nueva Granada y del Río de la Plata. Formularon declaraciones de "neutralidad", que eran muy poco neutrales, valga la redundancia, pues suponían en la práctica un reconocimiento oficioso de los insurgentes. A estos, se los recibió en Londres, planteándose futuros tratados comerciales y dejando que adquiriesen armamento y reclutaran voluntarios. Y, en 1814, lo que los ingleses estuvieron menos dispuestos a aceptar, fue a que España recuperase la posición que tenía hasta 1808.

La intención británica era clara y, desde luego, comprensible. Si Bonaparte conseguía imponerse en España, Inglaterra no podía consentir que lo hiciese también en la América hispana. No debe sorprender que Londres temiera que el derrumbe de la resistencia española, en Europa, pudiera determinar la toma de control por Francia de América, o de partes importantes de la misma. De modo que, cuando en la primavera de 1810, desde Caracas y Buenos Aires, se lanzaron las primeras rebeliones contra las autoridades españolas, la actitud británica fue contemporizar. Tampoco estaban dispuestos los británicos a permitir que Francia o los Estados Unidos les tomasen la delantera ante la eventualidad de un reparto de la América española.

De todos modos, la acción de las Cortes de Cádiz, con sus proyectos de reformas y con la equiparación en derechos de los americanos y los peninsulares, permitió a las autoridades virreinales sofocar con sus propios medios la rebelión que, a finales de 1814, estaba vencida en todas partes, salvo en Buenos Aires. Y, aún allí, los argentinos esperaban a ver el resultado final del retorno del rey Fernando a España, por lo que demoraron la proclamación formal de su independencia hasta 1816.

LA DESCONFIANZA EN LAS VIEJAS INSTITUCIONES

En 1808, como ya se ha dicho, el derrumbe de las instituciones de gobierno hispanas fue completo, en Europa y en América. Al sublevarse contra el rey José Bonaparte, cuya legitimidad jurídica formal era inobjetable, todas las instituciones quedaban cuestionadas. Si, como jurídicamente era de esperar, se subordinaban al nuevo rey, el usurpador Bonaparte, quedaban en el campo enemigo de la nación sublevada, y si se unían a la causa de los patriotas, como sucedió con el Consejo de Castilla, quedaban automáticamente desautorizadas en lo institucional. La posición de las instituciones de la monarquía devino realmente imposible después del 2 de mayo de 1808.

El mismo acto inicial de la sublevación, el 2 de mayo de 1808, en Madrid, expresó la desconfianza hacia las instituciones que envolvía, tanto a los actos, como a los protagonistas de la rebelión. Daóiz, Velarde y Ruiz, desconfiando de sus mandos naturales, en una actitud de pura sedición, desobedecieron las órdenes recibidas y se lanzaron al primer combate. Igualmente sedicioso fue el comportamiento del anciano Jovellanos, que renunció al Ministerio ofrecido por José Bonaparte para ponerse al frente de "la causa sagrada de la Patria". Como sediciosa pudo considerarse la conducta del veterano ministro y reformador Floridablanca, o la de los generales Palafox, Álvarez de Castro y Castaños. Todos ellos contrariando y

230

hasta desobedeciendo las órdenes de sus mandos superiores, lanzaron a sus tropas a la lucha contra los franceses. Se pusieron del lado de la sublevación, dando con ello al levantamiento el prestigio y la respetabilidad de su presencia en la lucha contra el invasor.

El proceso de formación de las Juntas de Insurrección en la península, desde mayo de 1808, después agrupadas en la Junta Suprema Central, fue consecuencia directa de la crisis de confianza en las instituciones. Al mismo tiempo que los patriotas iniciaban la sublevación, enfrentándose a las tropas de ocupación, se producía la subordinación general de las instituciones oficiales de la monarquía a los designios de Bonaparte. Los diferentes consejos y órganos de gobierno del reino, y hasta la misma inquisición, acudieron a Bayona, a principios de julio de 1808, a prestar juramento de sumisión a José Bonaparte. Al mismo tiempo, se apresaba en Cádiz la escuadra francesa de Rosilly (14 de junio), y Castaños preparaba el ejército de Andalucía para enfrentarse a Dupont. En América sucedió algo muy parecido en el edifico institucional, ante la imposible situación en que se vieron inmersos los Virreinatos, las Audiencias y las Capitanías Generales.

La desconfianza, cuando no el cuestionamiento directo y la abolición de las instituciones tradicionales de la monarquía, fue actitud general de los patriotas rebeldes frente al nuevo rey. Pero esa desconfianza hacia las autoridades del Antiguo Régimen tenía raíces más profundas. Para la gran mayoría de los constituyentes de 1812, incluso para los más conservadores, pesaba también mucho el hecho de las abdicaciones realizadas por la familia real a favor de Napoleón, en Bayona, que arrojaban una sombría duda sobre la misma dinastía legítima. Y si bien Fernando VII podía alegar a su favor el carácter forzado de su abdicación, y que él había renunciado para devolverla a su padre, Carlos IV, y no para entregar la corona a Napoleón, el resultado de su viaje a Bayona no había sido precisamente para sentirse muy orgulloso.

Los hechos sucedidos en Bayona no eran fáciles de olvidar. La deslegitimación que supusieron se extendió a todo el edificio institucional de la monarquía. Las instituciones tradicionales resultaban sospechosas y era preciso desautorizarlas para impugnar, como ilegítimas, las abdicaciones de Bayona. Esto tuvo consecuencias muy importantes a la hora de aunar voluntades a favor de las Cortes y de su obra, la nueva constitución, y también para conceder a la minoría liberal el papel dirigente en la realización de los trabajos constituyentes.

LA INFLUENCIA DE LOS CLÁSICOS ESPAÑOLES DEL SIGLO DE ORO

Había todavía una razón más para la desconfianza, y de mayor calado. La consideración de "despótica" que se había ganado la monarquía absoluta para la mayoría de los patriotas, a causa de la torpe conducta seguida por Carlos IV y Fernando VII ante Napoleón, en Bayona, en mayo de 1808. Consideración que recuperaba una idea que, si bien era tradicional, había rebrotado con fuerza en la ilustración española, en su evolución durante el siglo XVIII.

Se trataba de una de las ideas inspiradoras de la *Historia General de España*, de Juan de Mariana. Es la idea de la "recuperación" o la "restauración" de España, hilo conductor de esa obra, que explica las caídas y los resurgimientos que conformaban la historia patria. Así, tras el hundimiento que siguió a las invasiones bárbaras que arrumbaron la Hispania Romana, los Visigodos se hispanizaron con la conversión y la asunción de su españolidad, a partir de Recaredo. Y la Reconquista fue el proceso "restaurador" del ser de España, quebrado por la invasión musulmana del año 711. Del mismo modo que la dinastía Borbónica, instaurada en 1700, con sus tres grandes primeros monarcas, había determinado la "recuperación" del poderío español, quebrado en el siglo XVII y restaurado en "ambos hemisferios" durante el siglo XVIII.

En esa sucesión de caídas y restauraciones, la crisis de 1808, con la irrupción del pueblo en la escena de la dirección de los asuntos nacionales, podría significar la plena recuperación de España. Un país mundial en sus dimensiones y nuevamente universal en sus valores de libertad recobrados por obra de la resistencia nacional a la invasión externa. En esa concepción, la derrota de los Bonaparte y la limitación de los poderes de la Corona, eliminarían el riesgo del despotismo para siempre. Con el problema añadido, y nada menor, de que la España que había que restablecer en su plenitud, en 1808, era la España globalizada del Mundo Hispánico, que se extendía a través de los cinco océanos y cinco continentes.

Para los liberales españoles, cuyo pensamiento se había gestado durante la ilustración, la "Recuperación de

España" habría alcanzado sus más altas cimas en 1492, con la culminación de la reconquista, el descubrimiento de América y la circunnavegación después del planeta. Pero desde finales del siglo XVI, a causa del despotismo de la monarquía absoluta con los Habsburgo, la nación se habría alejado de su verdadero ser nacional, causando la decadencia.

Para esa concepción liberal, en la que Don Pelayo y el Cid eran héroes de primera magnitud, el cambio dinástico de 1700 había permitido frenar la decadencia, pero poco más. Y así, para hacer plenamente efectiva la deseada recuperación de España se hacía necesario recobrar el espíritu de libertad. Espíritu que constituiría el modo de ser tradicional de los españoles.

Esas ideas, las nacidas de la razón ilustrada y las procedentes de la tradición hispana, armónicamente integradas, se presentaron en la crisis de 1808 al modo de las melodías que se superponen acompasadamente en una sinfonía. La conjunción entre ambas corrientes sería una de las notas características de la mentalidad de los constituyentes de 1812. Y conformó la peculiar base teórica de esa curiosa combinación de doctrinas modernas y tradicionales que plasmaron los constituyentes gaditanos en el texto constitucional finalmente aprobado.

LA CUESTIÓN RELIGIOSA: LA ÚNICA RELIGIÓN VERDADERA

La integración entre modernidad y tradición se hizo patente de un modo muy claro en la consideración otorgada a la religión en el texto constitucional de 1812. El artículo 12 de la Constitución de Cádiz de redacción contundente y con importantes implicaciones fue, desde el primer momento, una fuente de intensos debates por las críticas que despertó. El texto aprobado declaró la oficialidad de la religión católica, desde luego, pero hizo mucho más, ya que prohibía el ejercicio público de cualquier otra y, mucho más aún, la proclamaba como la "única verdadera".

La intrusión en la teología del artículo 12 de la Constitución, declarando la religión católica como la única verdadera, provocó las chanzas de muchos. Pero lo que realmente se criticaba era la prohibición expresa de cultos distintos al católico, que quedaban relegados al mero ejercicio privado, sin posible proyección pública y sujetos a la tolerancia de las autoridades. Para los elementos más reaccionarios, la declaración resultaba inquietante por la ausencia de referencias expresas a la Iglesia Católica, y por la intromisión del poder político en materias de fe, que consideraban reservadas en exclusiva a las instituciones eclesiásticas.

De lo que no había duda de era de que los españoles, con muy escasas excepciones, eran hombres de acendrada religiosidad y católicos. Jovellanos, por ejemplo, supo conjugar de un modo perfectamente equilibrado su racionalismo ilustrado y sus ansias reformistas, incluso en lo espiritual, con la más exquisita y rigurosa observancia de los preceptos de la fe católica y de los mandatos de la Iglesia. En la España de la época había algunas personas de tendencias ateístas y librepensadoras en materia religiosa, pero no puede olvidarse, ni que la inmensa mayoría de la población y de los líderes de la sublevación eran reconocidamente católicos, ni que el clero aportó un buen número de diputados radicalmente liberales, como Muñoz Torrero.

La definición del artículo 12, pues, pese a lo pintoresca que a algunos les pudo resultar, y todavía hoy les resulta a muchos, no dejaba de expresar una realidad tan evidente como la catolicidad general de los españoles. Pero al mismo tiempo, al excluir a la Iglesia Católica como institución del texto constitucional, y al encomendar a las autoridades civiles la protección de la religión, establecía una clara laicidad, separando el poder espiritual y el temporal de modo nítido, y consagrando la supremacía de éste último, incluso en asuntos religiosos, en todo caso.

En esto último, pesaba también el hecho de que el Papa Pío VII se encontrase bajo arresto francés, desde 1809, por lo que el libre uso de las facultades de la Iglesia Institucional se encontraba bajo sospecha. Una sospecha que se acrecentaba entre los círculos patriotas españoles por la presencia en Bayona en julio de 1808, dando su apoyo a la entronización de José Bonaparte, de la mayor parte de los obispos y del inquisidor.

Para los constituyentes de 1812, con un texto como el finalmente aprobado se cumplían, de modo más que aceptable, las exigencias del proyecto reformador liberal. Y también sentó una línea de tratamiento constitucional de la religión que se mantuvo en las constituciones posteriores, aunque casi siempre con peores formulaciones. Un tratamiento que llega a hasta la vigente Constitución de 1978. Los constituyentes de 1812 declararon su compromiso en materia religiosa sinceramente. Tenían para ello razones poderosas. La primera, que el mismo pensamiento liberal que sustentaban, hundía sus raíces en esa religión y en el pensamiento de los autores católicos en los que se habían apoyado para hacer efectiva la invocación a la soberanía popular, a la que se ha hecho referencia en el apartado precedente.

Quizá fueran esas razones las que impulsaron a los constituyentes de 1812 a expresar de modo tan claro su compromiso religioso. Aunque había también algunas otras no menos importantes. Y es que, si urgía explicitar ese compromiso, también se debía al hecho de que los reformadores liberales gaditanos se disponían realizar importantes reformas que incidían en lo religioso.

Entre ellas estaba la abolición de la Inquisición, la supresión de los diezmos eclesiásticos, la desamortización de las propiedades vinculadas de la Iglesia y la reforma desde el Estado de las órdenes y congregaciones religiosas. Con ese programa de reformas en agenda, era tanto más oportuno dejar inequívocamente claro el compromiso religioso de las Cortes Españolas ante la opinión pública nacional e internacional. Aún se recordaban con espanto las persecuciones religiosas habidas en la Francia de los sangrientos espasmos revolucionarios de 1793 a 1799, bajo el Terror y el Directorio. Y más reciente estaba la prisión a que había sido sometido el mismo Papa de Roma, Pío VII, en 1809, por órdenes de Napoleón Bonaparte. Como es bien conocido, el programa de reformas en materia eclesiástica no pudo llevarse adelante por las Cortes gaditanas, como tampoco lo pudo realizar el Trienio Liberal (1820-1823), y sólo pudo ser finalmente acometido, y definitivamente realizado, por el gobierno de Mendizábal, en 1835-1836.

Por último, debe recordarse también que en la redacción definitiva del artículo 12 de la Constitución de 1812, pesó también el hecho de que la Carta de Bayona, otorgada por Napoleón a España, el 8 de julio de 1808, dio en su artículo primero un tratamiento constitucional de primera magnitud a la religión. Y es que, el artículo 1 de la Carta de Bayona decía textualmente que "La religión Católica, Apostólica y Romana, en España y en todas las posesiones españolas, será la religión del Rey y de la Nación y no se permitirá ninguna otra". Los constituyentes españoles de 1812, con el artículo 12 de la Constitución, dieron lo que consideraron era la respuesta más adecuada posible a la declaración bonapartista del Estatuto de Bayona.

Tampoco debe olvidarse que las menciones a Dios, la religión y hasta a la Santísima Trinidad, abundan notablemente en los textos constitucionales europeos y americanos, del siglo XIX y del siglo XX. Suizos, griegos, irlandeses, australianos, holandeses, suecos, polacos, húngaros, mexicanos, argentinos, canadienses, y un largo etc., protestantes, católicos y ortodoxos, encabezaron y encabezan todavía hoy en día sus textos constitucionales con esta clase de invocaciones y de declaraciones. Más aún, alguna de ellas, como la mexicana de 1824, copió literalmente el precepto contenido el artículo 12 de la Constitución de 1812, declarando que "La religión de la Nación mexicana es y será perpetuamente la católica, apostólica, romana, única verdadera. La Nación la protege por leyes sabias y justas, y prohíbe el ejercicio de cualquiera otra"

DESENVOLVIMIENTO Y VIGENCIA DE LA CONSTITUCIÓN DE 1812

La Constitución de 1812 y sus avatares es uno de los capítulos más complejos y apasionantes de la historia de España. Los debates y controversias que provocó en su época y en las generaciones siguientes, su efímera puesta en práctica en tres momentos diferentes, y la sistemática violación que padeció en los tres. Finalmente, la modificación de sus preceptos centrales en el Estatuto de 1834 y en la Constitución de 1837, con la que fue definitivamente abandonada por el liberalismo. Todos estos son asuntos trascendentales, no sólo por su interés propio, sino por la profundidad de su legado en la vida civil, política y religiosa del país y por la sorprendente vigencia actual de sus tesis liberales, que muchos llegaron a considerar superadas alguna vez.

La Constitución promulgada en Cádiz, el 19 de marzo de 1812, la Pepa, tuvo una vigencia total de algo más de seis años, en tres periodos diferentes. Primero, desde el 19 de marzo de 1812, al 4 de mayo de 1814, en que fue derogada por Fernando VII; del 8 de marzo de 1820, en que el rey la repuso en vigencia, tras el triunfo del golpe de Riego, al 1 de octubre de 1823; y, por último, del 12 de agosto de 1836, al 18 de julio de 1837, en que entró en vigor la Constitución de ese año. Fue algo menos de lo que estuvo vigente la primera Constitución norteamericana, de 1776, que lo estuvo hasta 1787, y bastante más de lo que lo estuvieron las Constituciones de la Francia revolucionaria, de 1791, 1793, 1795, 1798 y 1802. Y aún tuvo un último fulgor de vigencia en un territorio hispano, en California, en 1842.

La influencia de la Constitución de Cádiz se proyectó sobre toda la América española, pero alcanzó a muchos más países que los que integraban la Monarquía Hispana en 1812, aunque fuera en ellos donde más intensamente se dejó sentir. Fundamentalmente fue el modelo del constitucionalismo en los países latinos, especialmente en los reinos de Nápoles y Portugal, en los que estuvo vigente. Pero también inspiró a los liberales de muchas otras latitudes, como a piamonteses, belgas, irlandeses, polacos, rusos…

En cuanto a sus contenidos, la Constitución fundó su base en la soberanía nacional, proclamada en el artículo 3, y estableció una declaración de derechos similar a la de los textos constitucionales que la habían precedido, si bien estos se hallaban repartidos a lo largo de su articulado. También fijó un sistema de separación de poderes, aunque con sistemática imperfecta, pues concedía a las Cortes una supremacía indiscutible. Finalmente instituyó la unidad jurídica y la igualdad ciudadana, así como un procedimiento de reforma constitucional sumamente rígido, que prohibía proponer ninguna modificación en los ocho años siguientes a su promulgación. Algunas de las novedades introducidas respecto a la organización política de la nación perdurarían definitivamente, como el Tribunal Supremo, o como el sistema de gobierno por medio de un gabinete ministerial o Consejo de Ministros.

UNA VIGENCIA FRAGMENTADA

Al igual que los precedentes habidos en las primeras constituciones revolucionarias de finales del siglo XVIII, tanto en Norteamérica como en Francia, la Constitución de 1812 no tuvo una larga singladura, por varias razones.

La primera de ellas quizá sea la que se derivada de la reflexión general sobre las posibilidades efectivas de establecer como sistema de gobierno una Monarquía Constitucional, no una parlamentaria. Es decir, un sistema de gobierno con separación de poderes, en el que el legislativo correspondiera a la Cámara, el ejecutivo a la Corona y, todo ello supervisado por el control jurisdiccional de un poder judicial independiente de verdad. La Monarquía Constitucional ha dejado en la historia pocos ejemplos susceptibles de estudio. Primero existió en la Inglaterra posterior a la Gloriosa Revolución, de 1688, que se frustró con el advenimiento de la dinastía Hannover, en 1714. Otro ejemplo es la constitución francesa de 1791, que no logró cuajar, al igual que tampoco cuajó la española de 1812.

Pero, quizá, la principal razón la constituyó el hecho de que la Constitución de 1812 fue elaborada en un país que carecía de rey en el momento de su elaboración. Y se hizo para gobernar a un país en el que, en ese momento, no había rey, lo que hacía que los sistemas de gobierno definidos resultasen impracticables para cualquier monarca ejerciente. No es que limitase los poderes regios, que lo hacía, o que separase los poderes antes reunidos en la Corona, que también lo hacía, si bien concediendo una excesiva primacía al legislativo sobre el ejecutivo. El problema principal fue que estaba elaborada para gobernar un país en el que no había rey, dada la residencia por entonces de Fernando VII en Valençay (Francia). Y el país organizó el poder ejecutivo en torno a una regencia de varias personas, no en torno a la persona de un soberano. Si, además, al retornar el rey resultaba, como resultó, que éste era un individuo de las características de Fernando VII, verdaderamente peculiares, el choque estaba asegurado, como efectivamente sucedió en 1814, y entre 1821 y 1823.

Por último, la rigidez del texto constitucional de 1812 fue un problema adicional. A él se sumó que los partidarios de la Constitución de Cádiz convirtieron a ésta en un mito de perfiles sacros. En la España de los años comprendidos entre 1814 y 1837, "la Pepa" era algo más que un texto normativo de orden constitucional. Era un sello que imprimía carácter, casi como los sacramentos. En ese ambiente, el plantear reformas o adaptaciones del texto de 1812, era algo más grave todavía que un pecado mortal, era un sacrilegio, una traición a lo más sagrado. Una actitud muy de aquí, que contrasta con el pragmatismo, por ejemplo, de los revolucionarios norteamericanos. Éstos no tuvieron problemas en modificar en 1788 su inicial constitución de 1777, habida cuenta de los problemas de gobernabilidad que la misma generaba. Y tampoco los tuvieron para iniciar las enmiendas a su constitución tan tempranamente como en 1791, con la promulgación de las diez primeras enmiendas.

La sacralización de la Constitución de 1812, unida a la rigidez de su procedimiento de reforma, dificultó también un posible proceso de adecuación del texto gaditano, probablemente necesario e imprescindible. Esto también contribuyó a su definitivo abandono por los liberales en 1837. Y es que la Constitución de 1812 había representado, quizá y, sobre todo, el triunfo del ideario de un venerable grupo de utopistas liberales.

El excesivo poder que se confirió al poder legislativo, a expensas del poder ejecutivo, del que siempre desconfiaron todos, determinó la creación de un sistema de gobierno en el que era casi imposible gobernar. En 1814, pero sobre todo en el Trienio Liberal (1820-1823), la queja de los más sensatos se centraba en el terrible problema de que nadie obedecía y a nadie se le podía obligar a obedecer. Esa debilidad deliberada del poder ejecutivo estuvo en la base de la aparente facilidad con la que pudo ser derogada, en dos ocasiones, por Fernando VII. Porque el principal problema político de la Constitución de 1812 se ha de buscar en ese punto.

Como había expresado Montesquieu en *El Espíritu de Las Leyes*, éstas deben reflejar el carácter y acomodarse a las situaciones particulares de cada pueblo, más que intentar cambiarlos, aunque sea para el noble propósito de hacerlos "justos y benéficos". Y, sin embargo, la Constitución de Cádiz estuvo poseída precisamente de esa voluntad de cambio radical, que terminó haciéndola impopular y merecedora del rechazo de muchos españoles, en ambos hemisferios.

El final, de todos es conocido. Liberado a finales de 1813 por Bonaparte, Fernando VII retornó a España en 1814. Al llegar, y tras constatar la debilidad de las nuevas instituciones y la escasa simpatía de éstas entre la población, derogó la Constitución y la obra legislativa de

Cádiz. Y con ello, una buena parte de los liberales que tanto habían luchado por el regreso del Rey, se vieron perseguidos, en prisión o en el exilio.

A MODO DE CONCLUSIÓN

España, a lo largo de los siglos, ha realizado algunos de los esfuerzos más trascendentales y decisivos para la configuración del mundo actual. Es de lo que se ha tratado a lo largo de todo este ensayo. Si bien éste se ha centrado, en la medida de lo posible, en las aportaciones realizadas por España y el pensamiento español a la configuración del pensamiento liberal demócrata actual.

La evolución histórica de España, especialmente en la Edad Media, permite observar el paulatino, aunque lento, despliegue y desarrollo de la tradición de libertad creada en el mundo greco-latino, y perdida en los momentos finales del Imperio Romano. Y permite hacerlo bastante mejor que si nos fijásemos en la historia de otros países europeos, quizá con más renombre, pero con menos impulso para la libertad, hasta tiempos muy posteriores.

La *Historia General de España*, de Juan de Mariana fue un texto muy apreciado en España y también por lectores extranjeros. El prestigio del teórico del tiranicidio más famoso, seguramente ayudó a que esta obra fuese mirada con atención en el extranjero. Pero, probablemente, su fama se debió más a que reflejó con tono magistral esa línea de desarrollo y recuperación de las ideas de libertad, sembradas en el mundo clásico y que nunca han desaparecido de nuestra cultura. Un reflejo que partía directamente de la constatación de los hechos de nuestra historia. Hitos como la la resistencia al islam, la aparición de los Fueros o la creación de las Cortes (Parlamentos), sucedieron por primera vez en España.

La recuperación teorizada de las ideas de la libertad se forjó y expresó en una escuela de pensamiento surgida en el Renacimiento Español. Los autores españoles del Siglo de Oro descollaron por algo más que por la potencia política o por el poder de las armas españolas. La figura de Luis Vives preludió el florecimiento de lo que después se ha denominado Escuela de Salamanca o Escuela Española Clásica, de los siglos XVI y XVII. Autores como Vitoria o Suárez, por citar únicamente las dos figuras más sobresalientes, vieron cómo se incorporaba su pensamiento al pensamiento europeo general, aún al coste de desdibujarlos a ellos. Vemos reaparecer las ideas, y hasta los textos, de Suárez en las obras del holandés Spinoza o del británico Locke, y en otros muchos.

Ese pensamiento terminaría configurando un sistema de gobierno al triunfar en América la primera revolución liberal, en 1776-1783. Una revolución que invocó el nombre de alguno de los autores clásicos españoles, como Bartolomé de las Casas. Y un pensamiento que volvería a recrearse en la propia Ilustración Española, especialmente en su trance más decisivo: la Revolución Española (1808-1814) y la Constitución de Cádiz, de 1812.

Las aportaciones efectuadas por España y los españoles en la configuración de los sistemas políticos de democracia liberal ha sido muy considerable, pero el destino de la libertad en España tuvo que avanzar por sendas áridas, escarpadas y peligrosas.

El siglo XIX, como en todo el mundo, permitió un paulatino avance general de los sistemas liberales, aunque en España tuvo elevados costes. Pese a la frontal resistencia de los sectores más reaccionarios, como el carlismo, y pese a la incipiente violencia revolucionaria obrerista, el sistema liberal se asentó en España en el último cuarto del siglo XIX. Por el contrario, el siglo XX no fue un siglo poco propicio para la libertad, en todo el mundo. En 1945 fue derrotado el totalitarismo fascista y, en 1990, se hundió el comunismo soviético y su imperio europeo. El siglo XX ha sido el siglo del totalitarismo, en casi todas sus versiones posibles.

Hoy, como ayer y como siempre, la libertad continúa intentando afirmarse frente a las amenazas que la acechan. Amenazas que surgen tanto desde fuera, como desde dentro de nuestro propio entorno cultural europeo-occidental.

Aparentemente, en 1990, la libertad y el liberalismo democrático, tras el fracaso del socialismo soviético, parecían haber triunfado definitivamente. El socialismo soviético era otro más de los socialismos totalitarios que, apoyado en el poder absoluto del Estado, luchó siempre contra las concepciones liberales.

Esa victoria parece que debería haber reforzado la tradición europea de la libertad, como doctrina política laica para hacer frente a la estatalización promovida desde las teologías políticas. En unos casos, frente a las teologías sin Dios, pero mesiánicas, que constituyen el trasfondo de todas las teorías del Estado entendido como forma histórica y finalidad de lo político. Y también frente a las teologías totalitarias con Dios, como el islamismo, al que sigue más de una séptima parte de la humanidad, en Asia y África.

Frente todas a esas teologías políticas, en 1990, el liberalismo democrático se pudo presentar como la forma secular de la civilización occidental, aunque quizá haya en esa formulación un exceso de optimismo. Porque, con todo, la realidad demostró que no era sensato pensar que el liberalismo y la democracia hubieran vencido definitivamente a los totalitarismos.

Al final, entre los ensueños de 1990 y la realidad de 2021, parece que algo no ha funcionado y los objetivos no se alcanzaron. La caída del comunismo en Europa tampoco dio todos los resultados esperados. El hundimiento de la última utopía totalitaria del siglo XX no significó el fin de las políticas mesiánicas totalitarias. Fue un momento más de desconcierto de los enemigos de la libertad, que de auge liberal en todo el mundo.

De modo que la situación de la libertad en el tiempo presente, dista mucho de ser satisfactoria. En las dos primeras décadas de este siglo XXI, los riesgos y las amenazas para la libertad se han intensificado. Y no solo, ni fundamentalmente, por la pervivencia de los restos de los sistemas comunistas (China, Cuba, Viet-Nam, Corea) o por la emergencia de nuevas dictaduras comunistas, como la de Venezuela y otros países americanos. En la misma Europa y en USA, las ideologías liberticidas se desarrollan y ganan posiciones de poder. En nuestra misma cultura.

Como ya se dijo en las páginas iniciales de este ensayo, el debate de la libertad no ha concluido. Continúa y sigue abierto en nuestro tiempo, en el que los riesgos han crecido.

Madrid, 20 de febrero de 2021

INDICE

Ediciones Vitruvio

Últimos libros publicados:

Para mirar la luna, poesía completa, de Federico García Lorca

Velar la noche, de Jaume Mesquida

Meandros, de Pedro López Lara

Pequeña resistencia de arena, de Alfonso Berrocal

Rastrea la muerte el perro, de Federico Jiménez

Poemas de una polilla, de Marisol Santiago

Marginados, de Luis Antonio de Villena

Las estaciones, de Antonio Varo Baena

Memorias del derrumbe, de Eugenio Rivera

Desde la terraza, de Carlos Guerrero

El peor de los perdedores, de Daniel Romero Campoy

A tus ojos me remito, de Miguel Alcantud Cayuela

A falta de coca detrás del estudio, de Michael Waits

Obra reunida, de Emilio Quintanilla Buey

Desdibujar tu nombre, de Marta Rubio Aguilar

Un eco de esos días, de Eugenio García Fernández

El voluntario errático, de Juan Luis Benetó

Rubaiyat, de Omar Jayam